ACTES SUD - PAPIERS
Fondateur : Christian Dupeyron
Editorial : Claire David

Cette collection est éditée avec le soutien de la **SACD**

Société des Auteurs
et Compositeurs Dramatiques

Ouvrage publié avec le concours du Centre national du Livre.

Illustration de couverture :
© Olivier Py

© ACTES SUD, 1997
ISSN 0298-0592   ISBN 2-7427-0453-1

LE VISAGE D'ORPHÉE

Olivier Py

LE VISAGE D'ORPHÉE
d'Olivier Py
a été créée le 10 juin 1997
au Centre dramatique national / Orléans-Loiret-Centre
et reprise le 24 juillet 1997
dans la cour d'honneur du palais des Papes d'Avignon,
lors du Festival d'Avignon 1997

Mise en scène : Olivier Py
Décor et costumes : Pierre-André Weitz
Musique : Jean-Yves Rivaud
Chorégraphie : Daniel Larrieu
assisté de : Sylvie Drieu
Son : Dominique André
Lumières : Michel Pasteau
Régisseur général : Pierre Haderer
Assistante à la mise en scène : Agnès Troly
Assistante costumes : Isabelle Gontard
Régisseur plateau : Xavier Petot
Régisseur lumières : José Garcia
Production : Jérôme Descamps
Administration : Loïc Nébréda

Avec, par ordre d'entrée en scène

Orphée : Jean-Damien Barbin
Musée : Michel Fau
Baptiste : Redjep Mitrovitsa
Victoire : Denise Gence (puis reprise en 1998 :
Christine Fersen)
Séléné, la femme de Baptiste : Irina Dalle
Le fils cadet de Victoire, un homme : Samuel Churin
Le fils aîné de Victoire, un homme : Benjamin Ritter

Bienvenu : Philippe Girard
Lavinia : Elizabeth Mazev
Le fils du Professeur,
un archéologue, un homme : Vincent Ozanon
Le Professeur : Bruno Sermonne
Pan : Olivier Py
Pluton, un archéologue, un homme : Daniel Znyk
Le fils de Pluton : Sacha Barbin
Le dénicheur de cadavres,
un archéologue, un idiot : Antoine Fayard
Esther, un homme : Céline Chéenne

Et les musiciens

Jean-Yves Rivaud : Piano, un homme
Christian Paccoud : accordéon, un exalté
Pierre-André Weitz : tuba, un homme

Coproduit par L'Inconvénient des Boutures (compagnie subven-
tionnée par la DRAC Ile-de-France) Théâtre Nanterre-Amandiers, CDN /
Orléans-Loiret-Centre, La Ferme du Buisson / Scène nationale de
Marne-la-Vallée, Bonlieu / Scène nationale d'Annecy Centre chorégra-
phique national de Tours

avec le soutien de l'ADAMI, de la SPEDIDAM,
du Conseil régional d'Ile-de-France,
de la Fondation Paribas et du Théâtre de Cavaillon
Remerciements au Théâtre du Soleil,
au Centre national du Théâtre et à Agnès b.

Je vais vous dire ce qu'est le poème.

Et puissent mes mots devenir les pièces de monnaie posées sur les paupières des morts pour payer à Charon leur passage.

Le poème, ce ne sont pas les mots inouïs qui déroutent l'oreille de leur nouveauté.

Ce ne sont pas ces mots-là mais une sentence familière, la plus secrète et que l'on ne croyait qu'à soi.

Le poème n'est qu'un instant de vertigineuses retrouvailles.

Le poète ne fait que mettre sur votre piste les chiens chasseurs de ces mots partagés.

Là est notre miracle.

C'est pourquoi je suis bavard souvent et prodigue de phrases.

J'espère cet instant où vous direz : "J'ai déjà murmuré cela pour moi, j'ai porté moi-même ces mots, les mêmes mots."

A cet instant est la paix.

Nous ne sommes pas plus les auteurs de ce poème que propriétaires de l'arpent où l'on nous mettra.

Le serpent, c'est cette parole non reconnue, non vérifiée, nulle part.

Cet instant, qui à chaque instant peut frapper l'instant que nous sommes, est l'éclipse de l'homme et de sa vérité.

Peut-être une de mes paroles nous est-elle commune ? C'est pour cela que je parle et frappe la noire multitude de l'audience avec la ferveur de ma langue.

Au détour de chaque mot se risque un miracle que l'un de vous accueillerait.

Et, en cet instant, nul ne pourrait dire qui est le poète.

Qui a connu cela est Orphée.

La vieille déesse de la mémoire, le regarde et rit.

Orphée est notre rencontre pour laquelle quelqu'un a fait la moitié du chemin.

Par mes lèvres infatigables, par mon pied d'appel sur les planches, par la respiration qui envoûte mon récit, par tout cela, ici, je fais en parlant, la moitié du chemin.

OLIVIER PY

*Il n'y a pas de pouvoir divin, il y a un vou-
loir divin éparpillé dans chaque souffle : les
dieux sont dans nos murs, actifs, assoupis.
Orphée est déjà déchiré.*

RENÉ CHAR,
Un jour entier sans controverse.

PERSONNAGES

Orphée
Musée
Baptiste
Victoire
Séléné
Bienvenu
Lavinia
Le Professeur
Pluton
Esther

le fils cadet de Victoire
le fils aîné de Victoire
le fils du Professeur
la femme de Baptiste
l'enfant

des archéologues
le dénicheur de cadavres
un idiot
un exalté
des hommes

PREMIÈRE ÉPOQUE
Le très pur amour

-------- scène 1 --------

Baptiste frappe à la porte de l'atelier du sculpteur Musée.

BAPTISTE. Il est vivant celui qui heurte inlassablement, et dont le crâne plein de revanche est devenu lui-même un heurtoir d'argent.
J'ai suivi le parfum des dieux oubliés, la tête coupée d'Orphée chante dans ma besace.
(Il sort de sa besace la sculpture d'une tête.)
Cette tête pâle et lapidaire est à mon chevet depuis si longtemps.
Ce murmure qui m'est le plus amical, je n'ai compris qu'aujourd'hui qu'il venait de cette statue qui rend fou, je le sentais dans mon dos mais je ne voulais pas croire que c'était la tête en plâtre qui parlait conformément à la légende d'Orphée.
Le sculpteur de ce visage contagieux vit derrière cette porte, lui seul connaît l'Orphée original qui peut débroussailler le sentier perdu.
Entendez-vous les lèvres de pierre qui fredonnent à peine dans le désarroi de la matière : "Orphée, je suis Orphée, inlassable est le ressac de ma chanson !"
Je sais qu'il est vivant, je veux qu'il soit vivant, ce chanteur qui fait pousser les oreilles, ce juvénile écho de notre malheur.
(Il embrasse le visage de pierre et frappe encore, à ce geste on devine qu'il est peut-être là depuis des jours…)
On dit que Musée le sculpteur distribue cette réplique de son visage à travers le monde mais que par peur d'être seul à son pupitre, Orphée pleure, caché dans une cave obscure.
On dit qu'il a perdu sa beauté, que ses doigts sont engourdis et que sa lyre est irrémédiablement écœurée.
Pour tout indice cette tête à travers le monde, chasseresse de cœurs vierges…

Le poing est vaillant, la porte tremble, mais Musée fait celui qui n'entend pas.

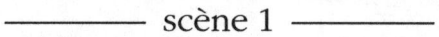

11

L'intérieur de l'atelier.
Musée sculpte avec frénésie et son modèle, un cadavre noirci sur un chevalet de fer, a la lassitude éternelle d'un Orphée.
Musée crache sur la pierre.

MUSÉE. Je te sculpte et je te maudis, pierre !
Regarde mes mains ! Trop de sang ! Trop de souffrance !
Ah ! si seulement il y avait des pierres qui ne soient pas en pierre.

La girouette est un oiseau mécanique au sommet d'une perche. Colombe rouillée, elle figure péniblement ce qu'il reste de l'esprit.
C'est Musée qui la fait parler dans un exercice de ventriloquie affligeant.

MUSÉE *(avec la voix de La Girouette)*. Ce que tu dis est idiot !

MUSÉE. Oui, mais si une mouche l'avait dit tu trouverais ça très intelligent de la part d'une mouche.
Divertis ton deuil, Musée ! Fais sourire ta girouette, tes mains saignent et ton cœur !
Borgnolé de rubans noirs, ton cœur !

MUSÉE *(avec la voix de La Girouette)*. A quoi bon pleurer sur ce qui est sans remède.

MUSÉE. Je n'aime pas quand la girouette fait le philosophe !

MUSÉE *(avec la voix de La Girouette)*. Préfères-tu quand c'est le philosophe qui fait la girouette ?

MUSÉE *(au cadavre qui lui sert de modèle)*. Tu es mort mon tendre amour, mon tendre amour aux cheveux rouges, tes lèvres sont aussi fermées que celles de ma statue, presse-toi ma main, je dispute ton image au temps, pressoir des morts.
Le vin de son visage aura un goût de fraise et de cendre.
Et si tu revenais à la vie, alors ma statue chanterait aussi, à cette heure aussi morte que toi, si tu revenais à la vie, il ne serait pas plus fou qu'elle te suive dans ce retour.

MUSÉE *(avec la voix de La Girouette)*. Chante encore la légende de la tête oraculaire.

MUSÉE. Orphée est mort, déchiré par les Bacchantes.
Ses membres pourrissent aux rives du fleuve et ses doigts, qui avaient charmé les sirènes, sont la demeure des vers et des écrevisses.

Mais la tête d'Orphée, mystérieusement imputrescible, descend le fleuve, toujours chantante.
Inlassablement la tête oraculaire chante la chanson qui enchante le monde.
Plus féroce que les poissons qui dévorent ses yeux est la mémoire qui lui souffle les mots.
Le temps trouve son maître, une tête coupée que rien ne fait taire.

On frappe.

MUSÉE *(avec la voix de La Girouette).* Tu as entendu : on frappe !

MUSÉE. Je fais celui qui ne veut pas entendre, on cherche à nous exproprier, cet atelier sera bientôt réduit en poussière.

BAPTISTE. Ouvre, Musée ! Je t'entends batailler derrière cette porte, je sais que tu es là.

MUSÉE. Je suis là et je ne suis pas là. Car lorsque je ne suis plus là que devient le là où j'étais ? Et le là où j'arrive pour dire je suis là, était-il bien là avant que je ne sois là. Moi-même suis-je là où je suis, ou bien suis-je le collier de tous ces là, là, là enfilés à la suite. En somme je ne peux pas dire que je ne suis pas là puisque là n'est que là où je suis.

MUSÉE *(avec la voix de La Girouette).* Tu n'as qu'à dire il n'y a personne !

MUSÉE. Personne ne peut dire : il n'y a personne.

MUSÉE *(avec la voix de La Girouette).* A moins de bondir un peu en avant de soi et d'embrasser son ombre.

BAPTISTE. Autant demander où va la lumière quand elle est éteinte.

MUSÉE. Seul Orphée pouvait répondre à cette question.

BAPTISTE. C'est pourquoi je frappe à cette porte avec mon front infatigable.

MUSÉE. Brise-toi le crâne si tu veux !
Il n'y a pas d'Orphée ici, il n'y a qu'un cadavre qui lui ressemble.

BAPTISTE. Tu mens !

MUSÉE. Jamais.
Je suis une vérité qui ne cicatrise pas, de ma bouche coule encore le sang de la première blessure.

BAPTISTE. Ce sont les mots d'Orphée.

MUSÉE. A quoi bon les mots d'Orphée sans la voix d'Orphée.

BAPTISTE. C'est pourquoi tu dois me mettre sur sa piste. Une chose n'est pas dans le livre et c'est bien le timbre frémissant de celui qui dit les mots anciens, et qui ne les dit que de les entendre encore.

MUSÉE. Si tu écoutes avec ferveur, même les pierres chanteront.

BAPTISTE. Les pierres chantent, sculpteur ! Je les entends d'ici sous ton burin quand tu sculptes son visage…

MUSÉE. Mon burin est ensorcelé, un deuil infini l'empêche de dormir.

MUSÉE *(avec la voix de La Girouette)* . Nous empêche de dormir.

MUSÉE. Toi, misérable proie du vent, tu n'as pas été faite pour dormir !

BAPTISTE. A qui parles-tu ?

MUSÉE. Je parle à ma girouette, face de trou !

BAPTISTE. Laisse-moi entrer.

MUSÉE. Pour que tes pieds viennent jeter la poussière du monde dans ce tombeau, j'aimerais mieux être changé en pot de chambre !

BAPTISTE. Depuis que tu vis dans cette cave tu n'as pas idée de ce qu'est devenu le monde.
Le ciel est noir au fronton des monuments.
Les drapeaux sont en berne et l'orchestre compte ses éclopés.
On ne voit que l'abjecte sollicitude des pouvoirs, on n'entend que la fausse chanson de la fraternité mensongère et l'on ne voit pas qu'il n'y a plus personne dans le cabinet d'or, et que tout l'effort n'est que d'éconduire les plus faibles et de dissimuler les victimes.
Il n'y a plus personne dans le cabinet d'or, tout le monde le sait mais aucun ne veut le dire.
Un enfant défiguré nourrit un chien avec les entrailles d'un autre chien.

MUSÉE. Orphée, mon burin le dispute aux vers qui le défigurent.

BAPTISTE. Je vais enfoncer la porte.

MUSÉE. Je t'ai reconnu, incendiaire de jardin, corrupteur scientifique, chiure rationnelle !
Tu te déguises en pèlerin pour m'amadouer, mais je sais que tu es de la brigade des promoteurs qui veulent effondrer notre maison.

O notre poème, notre poème ne survivra pas à vos entreprises !
Vous enterrez ma terre, vous aveuglez mon ciel !
Je n'aurai plus comme refuge que l'émail bleu des plaques sur votre façade !
Et l'on ne connaîtra plus mon nom que pour être le nom d'une rue.
On nous a sommé de partir, chères reliques de plâtre, mais je préfère que le toit s'écroule sur nous et qu'on nous laisse la gloire d'être paria.
Tu ne nous relogeras pas dans un lieu sans histoire !

BAPTISTE. Il faut que je lui parle.

MUSÉE. C'est au désert qu'il faut parler, l'irriguer de vocables pour qu'il ne mange pas le dernier jardin.

BAPTISTE. Ouvre-moi.

MUSÉE. Enfonce la porte.
Je suis trop occupé pour t'ouvrir, je ne peux pas le quitter des yeux, j'apprends par cœur le texte qui s'efface de son visage.

Baptiste enfonce la porte et voit un cadavre costumé en Orphée.

MUSÉE *(montrant le cadavre d'Orphée).* Un morceau de viande noire, celui que tu as cru aimer, mais si tu l'avais aimé celui que tu appelais "Mon murmure", le plus beau des noms, serait-il mort aujourd'hui ?
Regarde sa lyre, décoration de plâtre, car il ne s'agit plus que de décorer les lieux sans âme où l'on nous attable.
Regarde le grand arbre qu'il charmait et qui était garant de l'être dans l'acquiescement de sa feuille.
(C'est une visite guidée de l'atelier, mais Baptiste n'a d'yeux que pour la dépouille d'Orphée, et les sculptures passent devant lui sans le réveiller de son désespoir.)
Le chevreuil transfiguré, le peuplier des tentations, la chimère masquée, le masque glorieux du dieu de la danse, le rameau qui ouvre les Enfers, le jeune lion désolé, le porte-voix d'Eleusis, l'armure des Argonautes…
(A Baptiste qu'il confond toujours avec un promoteur :)
Peux-tu te souvenir de cela, toi qui as été engendré moitié par le sperme et moitié par la pisse de ton père ?
Peux-tu te souvenir de cela toi qui as vendu le cadavre de ta mère à la vitrine d'un grand magasin ?
Oh ! Tourne sans fin ma pauvre girouette ! Quelle sirène, dans ta charnière, chante sa douleur abyssale ?

BAPTISTE. Il est mort.
Elle est tarie l'inaltérable mémoire.

MUSÉE. Nous sommes les orphelins d'un chant.

BAPTISTE. Qui nouera encore l'alliance secrète du feu et du bois ?

MUSÉE *(à La Girouette)*. Il parle plutôt joliment pour un huissier.
Et si ce n'était pas un huissier déguisé en pèlerin mais un pèlerin déguisé en huissier ?
Mettons-le à l'épreuve. *(A Baptiste :)* Te souviendras-tu de cette odeur, pèlerin ?
Ce n'est pas celle du jasmin qui hantait les collines provençales de ton enfance.

MUSÉE *(avec la voix de La Girouette)*. Qui sait si ce n'est pas celle du jasmin qui hantait les collines de notre enfance ?

MUSÉE. Pour tes narines de girouette peut-être, qui ont été usées par l'iode et la magie des grandes terres.
Mais pour nous qui avons aimé...

BAPTISTE. Si cette odeur est celle du jasmin de mon enfance, Dieu connaît-il vraiment l'odeur du jasmin ?

MUSÉE. Je veux le croire !

BAPTISTE. Et quel est le jasmin de Dieu ?

MUSÉE. Ta fidélité, fidèle.

BAPTISTE. Tu parles comme Orphée.

MUSÉE. Je parle comme Orphée, Orphée, lui, parlait comme les pierres. C'est pourquoi sa tête de pierre chante encore malgré moi.

BAPTISTE. Ta maison sera détruite ?

MUSÉE. Jamais on ne détruira ma maison qui est incroyablement bâtie dans une sérénade.
Mais on détruira ma maison, cet atelier maudit de mon œuvre incomplète.

BAPTISTE. Toi aussi tu crois cela.

MUSÉE. Quoi ?

BAPTISTE. Que le mal n'est pas la mort mais la tâche inaccomplie.

MUSÉE. Va-t'en.

BAPTISTE. Qu'était ma misère tant que je savais victorieux le chant que j'aimais ?
Que devient ma misère si je n'ai plus de frère qui porte après moi l'espoir de ma génération ?

MUSÉE. Cours à travers la ville et crie avec ce porte-voix en fer-blanc et la couronne d'aubépine d'un chantre esseulé.
(Il lui donne le porte-voix, la couronne, et le pousse sur le palier.)
Crie qu'Orphée est mort et que nous l'avons tué !
Crie la nuit de la nuit et crie le désert du désert.
Crie qu'à force d'enterrer la terre vous ne savez pas que nous sommes maintenant au désert le plus infertile et qu'à force d'aveugler le ciel vous ne voyez pas que nous sommes dans la nuit la mieux verrouillée.

Baptiste sort et revient.

BAPTISTE. Je ne veux pas être un porte-voix mais un porte-parole.

MUSÉE. Alors prends ce revolver et va te tuer dans le couloir.
Que le seuil de notre maison soit ton cercueil s'il n'est pas ton espoir.

Baptiste sort et tandis que Musée bat la mesure, on entend un coup de feu. Orphée se réveille.

——————— scène 3 ———————

ORPHÉE. Le tonnerre !

MUSÉE. S'il s'est tué c'est qu'il ne trichait pas, je viens peut-être de gâcher notre dernière chance.

MUSÉE *(avec la voix de La Girouette)*. Tu dormais ?

ORPHÉE. Ces plaies de chiffons sont une forme d'oubli et je m'endors dès que je les porte.

Orphée accroche au porte-manteau ses plaies et son visage décomposé.

MUSÉE. Tu es à bout de forces, mon oiseau.

ORPHÉE. Tu parlais ?

MUSÉE. Je parlais avec la girouette, elle répépille, la fin du monde, etc.

ORPHÉE. Demande-lui, Musée, demande-lui ce que c'est que ce chagrin que je porte.
Ce chagrin amical qui est mon escorte.

MUSÉE. Elle est interdite.

ORPHÉE. Souffle dessus si aucun vent n'est capable de lui inspirer réponse.

Musée souffle sur la girouette.

MUSÉE *(avec la voix de La Girouette).* Il est vivant, l'allié de ton chagrin et du bleu souverain.

ORPHÉE. Et qui est cet allié qui ne m'épargne pas ?

MUSÉE *(avec la voix de La Girouette).* Si je te soufflais son nom, mes ailes rouilleraient.

ORPHÉE. Tes ailes sont déjà rouillées, pauvre vieille enfant du ciel. Qui apprécie encore les mots que te souffle le vent du soir ? Qui voudrait encore de la parole d'Orphée ? Orphée lui-même ne la soutient pas plus que ses jambes ne le soutiennent.

MUSÉE *(avec la voix de La Girouette).* Le matin viendra, ses soupirants sont en marche, un matin de même poids que sa nuit.

ORPHÉE. Tais-toi, grimace des sommets, tais-toi, tu me fais de la peine avec ces couinements inutiles.
Au sommet de quel clocher abattu l'as-tu pêchée celle-là ?

MUSÉE. Il est l'aigrette de mon espérance, ce clocher abattu.

Bruit.

ORPHÉE. Ce bruit, les grues n'est-ce pas ?
Ton atelier ne résistera pas à leurs semonces et nous serons enterrés sous nos planches.

MUSÉE. Enterrés sous les planches, belle idée de théâtre.

ORPHÉE. Ne prononce pas ce mot.

MUSÉE. Oublions-le, ce mot à qui j'aurai sacrifié le meilleur de moi-même.

ORPHÉE. J'ai fait un rêve.

MUSÉE. Je le sais, j'ai sculpté ton visage quand tu dormais, mon rosier très pur.

ORPHÉE. M'entendais-tu gémir ?

MUSÉE. Tu gémissais et c'était comme le chant d'une étoile maudite.

ORPHÉE. Une étoile tombée, tombée, tombée !

MUSÉE. Ce rêve il est temps que tu le dises, il est peut-être celui que j'attends.

ORPHÉE *(au public)*. Je m'étais réveillé sur une scène de théâtre.
C'était un grand plateau de planches noires.
Un théâtre dans la cour d'un palais aux murs si hauts qu'on ne savait plus rien de la ville et que le ciel en était pressant.
Je me réveillais et je ne comprenais pas qui m'avait transporté là dans mon sommeil.
J'étais le coryphée d'une pièce dont je n'avais pas idée.
J'étais Orphée.
Et une foule était là qui attendait ma parole dans un silence très effrayant.
"Je ne suis pas celui que vous attendez, je me suis trompé de porte, je n'ai aucune idée, aucune, des paroles que vous voulez m'entendre dire. Je me suis perdu, je repars, n'espérez rien."
Mais tout ce que je disais était pris pour des mots de théâtre et je voyais les têtes se pencher et comprendre ce que moi-même je ne comprenais pas.
Alors je me suis avancé dans les travées et j'ai regardé ces visages, ces visages, tous ces visages réunis dans l'attente !
Cette patience, ce silence, cette supplique des âmes dans la réunion et le silence !
"Mais que voulez-vous de moi ? Que je joue le rôle d'Orphée et que je scelle votre réunion par ma salive ?"
(A Musée.) Peut-être même ne savaient-ils pas bien pourquoi ils s'étaient réunis, ils espéraient que je le leur apprenne.
Alors j'ai décidé de me taire et de les regarder en souriant jusqu'à ce qu'ils comprennent que je ne suis rien.

Silence.

MUSÉE. Orphée, tu dois te souvenir, tu le dois !

ORPHÉE. Je ne peux pas, je vous le jure, je ne peux pas !

MUSÉE *(au public)*. C'est lui qui vous a réunis, il est la Réunion même !

ORPHÉE. Faux frère, ce n'est pas moi…
Ma lyre est en plâtre.
(Musée lui donne une vraie lyre.)
Je ne sais plus jouer.

Ses doigts jouent malgré lui.
Alors Orphée :

Inlassable et fière, la tête d'Orphée, de ses lèvres mortes, chante ce qui ne peut pas mourir.
L'eau verte du fleuve arrondit les galets de son lit, sur son passage.
L'eau verte du fleuve feuillette les algues fleuries, sur son passage.
Tout s'enchante et passe au passage de son chant.

Ces mots, c'est demain qu'ils enteront votre arbre.
Cette nuit n'est que la dédicace de notre alliance à venir.
Ce théâtre n'est que ce que vous en ferez demain.
Sa ferveur a un jour d'avance, je célèbre votre liberté, demain, de vous souvenir ou d'oublier.
Demain vous raturerez ou vous écrirez cette nuit avec la joie d'un enfant rayant le marbre.
Ce que vous ferez de ce plancher ou de cette chair dans son costume et de ces étoiles uniques, nul ne le sait.
Et Demain est bon.

Voilà ce qui aujourd'hui tremble, dans l'air, suspendu : me donnerez-vous un avenir ?
Faut-il que je présume déjà de votre devenir et de notre alliance dans cette page encore blanche, faut-il que j'espère pour parler ici par avance de notre amitié.
Car c'est la dignité de notre génération qui se joue dans votre écoute.

Ce que je vous dis vous avez toujours rêvé de l'entendre.
Et pourtant je le tiens de vous.
Sous la dictée féroce de votre espoir.

Si vous voulez rester vous, j'aurai, moi, la douleur de rester moi.
Moi misérable au sépulcre de vous, si vous ne croyez pas que nous ne sommes qu'une parole sur plusieurs bouches.
Mon suaire est votre certitude d'être assis là-bas.
Votre intuition de ressemblance est ce qui me fait chanter ici.

Nous pleurerons ensemble et que faire d'autre ?
Pour toutes ces larmes pleurées en solitude, il y aura les larmes pleurées ensemble.

Nos larmes réunies, c'est la grâce insécable, l'héritage de l'inattendu, le nocturne béni, la couleur de ce qui n'a pas de fin.
Nos larmes réunies, c'est l'acharnement d'ici.

Nous désirons encore affirmer avec le soir, surtout avec le soir, que l'histoire de l'un est la mesure de l'histoire de l'autre.
Venez et dites-moi doucement : "Je porte ta chemise, tu souffres dans mes pieds, nous mangeons le même vocable, et la mémoire ne s'épanouira que dans notre ronde."
Nos mains réunies ne sont plus des mains, c'est la reliure d'un livre immémorial.

La parole, peu importe qui l'a dite, et le sait-on vraiment ? Elle s'est abattue sur une bouche qui est aussi une oreille.
Je pense à l'effort sans fin de nos pères et des pères de nos pères qui ont porté le vocable.
Nous tenons des morts cette permission.
La permission de déborder un peu notre vase avec un vocable partagé, coupé, partagé, à la table du monde.

L'éternité est là dans la fosse d'orchestre et partout où il y a un *entre nous*.
Entre nous, la nacre de notre réunion.
Nous sommes bien sous le même ciel, moi qui vous parle et vous qui m'écoutez.
Nous sommes bien dans la même nuit.
Mes frontaliers, nous n'avons qu'à partager trois mots pour que Dieu soit notre accoudoir. Cet espace entre spectateurs où chacun a la part de son voyage.

Escorte Celui Qui t'escorte, sous l'orbe généreux de la nuit provençale.

Une grande étoile encore est mûrie sur nos terres.
Elle ira, obole d'une génération, dire au verrou nocturne qu'ici-bas il fait bon marcher en chœur.
Ici-bas, Orphée chérit encore sur sa poitrine une oreille. Ici-bas, la fierté se murmure encore, ici-bas, le mot victoire est déjà une victoire.
Un astre émissaire est notre réponse aux semonces de la nuit.
Ici-bas, c'est pour attendre le jour que l'on danse sur le bois sacré, c'est pour ensemble espérer l'aube que ces lampions ignorent un champ de bataille.

L'histoire commence, avance, fable pieuse, j'aime ton visage de craie.
Ouvre-toi, route des effarés, je vois monter cette vapeur qui rend l'air inflammable.
C'est l'essence des morts que le ciel aspire à travers l'herbe et la terre.

Qu'un mot sorte de ma bouche et en rencontre un autre, qu'un homme sorte de chez lui et en rencontre un autre.

Tout aussi brutalement délogée par le chant d'Orphée, qu'une terre sorte de la terre et rencontre un peuple, et qu'une danse soit partout à la fois où le désir est plein d'elle.

Un temps.

Silence émérite, j'aime ta scansion. Elle me rend mémoire.

J'étais, avant de vous parler, l'épouvantail de moi-même, et je deviens le feu de votre territoire.

Mes frontaliers, Dieu exige que je tende vers vous mes bras ensorcelés du désir de l'autre rive.

MUSÉE. Il ne faut pas chanter cela, il faut le vivre !

Oh ! Orphée, voilà ce que j'attendais que tu dises !

Nous sommes en route vers cette clairière d'une pensée commune, Orphée, nous sommes en route, mon rosier !

ORPHÉE. Ai-je vraiment chanté, Musée ?

Il me semblait donner le change et dire un peu n'importe quoi.

Ai-je vraiment chanté ? Se peut-il que j'aie chanté, moi qui ignore tout de la partition ? Se peut-il que mes doigts gardent le souvenir d'une ballade que je ne connais pas ?

MUSÉE. Tu es vivant, mon rosier très pur, Orphée est parmi nous !

ORPHÉE. Je ne suis pas Orphée !

Ce clair matin où tu m'as repêché dans l'eau sale, que voulais-tu de moi ? Je sentais l'animal et le vin de tonneau borgne et tu as dis que j'avais le visage que tu cherchais.

J'ai accepté de te le vendre, ce visage, et pour trois sous tu m'as recopié infiniment, mais je ne savais pas que les poses seraient si longues.

Je ne savais pas que chaque jour il me faudrait supporter tes pleurs et tes baisers.

MUSÉE. Oui.

C'est comme si l'arbre avait été coupé mais que, mystérieusement, la grande ombre s'allonge toujours avec le soir dans le jardin sans verdure.

ORPHÉE. Qu'est-ce que tu dis ?

Ouvre les yeux, Musée ! Je ne suis que le modèle de ta statue ! Je ne sais rien d'Orphée, j'ai rêvé un rêve effrayant et j'ai fait semblant de chanter !

MUSÉE. Peu importe que tu aies chanté ou que tu aies fait semblant de chanter.

Le vivant passe par là, il ne fait que se peindre en lui-même.

La vie est à ce prix.

ORPHÉE. Je n'ai que son visage.

MUSÉE. Usurpe le rôle !
La rose joue à éclore et le pré est une imposture de verdeur et l'orage
est un simulacre fertile. On dit que l'on peut faire fleurir un cerisier avec
un soleil de carton !
Tu as son visage, voici sa couronne, Orphée est parmi nous !

ORPHÉE. Ne m'appelle pas Orphée !

MUSÉE. Ce n'est pas moi qui t'appelle !

ORPHÉE. *Quoi* m'appelle ?

MUSÉE *(avec la voix de La Girouette)*. L'alliance des premiers clandestins
qui veulent le rachat de la lyre.

ORPHÉE. Les compagnons d'Orphée l'attendent à la croisée des chemins !
Et tu voudrais que je chante pour eux de ma fausse voix la fausse chanson d'un espoir faux.

MUSÉE. Pour eux, à nouveau tu enchanteras le monde !

ORPHÉE. Alors il faudra que je joue mon rôle les yeux fermés.

MUSÉE. Ta tête de plâtre, je l'ai déjà posée en émissaire dans quelques
jardins, ils n'ont plus qu'à te reconnaître.
Et la tête oraculaire leur a déjà soufflé les mots de l'exil dans ce qu'il leur
reste d'oreille.

ORPHÉE. Et moi je chanterai toujours une mesure d'avance !

Baptiste s'est réveillé, le visage ensanglanté, il écoutait Orphée.

BAPTISTE. Ah ! Ne se nourrir que des orties qui hantent le chemin !

MUSÉE. Tu n'es pas mort ?

BAPTISTE. Je n'ai fait que perdre une oreille.

ORPHÉE. Il t'en reste une.

BAPTISTE. Et si je perdais mes oreilles, j'aurais assez des tiennes.
Et si perdais mes yeux, j'aurais assez des tiens, et si je perdais mes mains,
ne viendrais-tu pas caresser mon visage ?

ORPHÉE. Je viendrais.

BAPTISTE. Alors je couperais bien mes mains pour cela.

ORPHÉE. Qui es-tu ?

BAPTISTE. Celui qui est venu pour t'entendre rouvrir la clef de ton chant.

ORPHÉE. Je n'ai fait que dire un songe imprudent.

BAPTISTE. J'aimerais embrasser tes pieds, Orphée.
Mais je n'en ai pas le droit.

BAPTISTE. Je te dirai pourquoi il m'est interdit de toucher mes semblables et quelle malédiction m'a condamné à un exil perpétuel.
Moi, je te parlerai de terre détruite.

MUSÉE. Orphée, je crois entendre les premiers coups de la destruction de notre cabane.
J'entends leurs machines à l'assaut de notre maison.

BAPTISTE. Le monde vient. Allons trouver des compagnons et quand notre ronde sera refermée, nous irons conquérir la Toison d'or comme tu l'as fait en d'autres temps avec les Argonautes et tu guideras nos pas dans les jardins noirs de Perséphone.

On entend les coups de la démolition.

MUSÉE. Il faut mettre les têtes ensorcelées dans le catastrophique chariot avant que les murs ne s'écroulent.
Venez m'aider, rendez-vous utiles, vous voyez bien que je n'ai que deux bras !

ORPHÉE. Musée, je vois une immense étoile que des artisans ont construite pour monter au ciel.

MUSÉE. Le ciel n'est pas si prodigue de nous envoyer ses étoiles et il faudrait qu'on le rembourse.

ORPHÉE. C'est une grande armature légère illuminée, radieuse.

On voit une gigantesque étoile monter vers le ciel.

MUSÉE. Tu as été assommé par une planche, tu délires !

ORPHÉE. Ils bénissent le ciel !

MUSÉE. Ce que tu vois ce sont les grues des promoteurs qui démolissent notre histoire.

ORPHÉE. Je vois mes frères donner réponse au ciel.

MUSÉE. Je vois l'effondrement de nos murs et une pince immense qui broie le clocher de ma rue.

BAPTISTE. Je ne vois ni l'un ni l'autre.

ORPHÉE. C'est l'étoile d'une foi très douce.

MUSÉE. C'est le canon d'une certitude féroce.

ORPHÉE. Et comme ils ont l'air enjoué ces bateleurs.

MUSÉE. Et comme ils ont l'air bête ces grutiers !

ORPHÉE. Que s'élève le grand signe de notre alliance !
C'est la mémoire, cette étoile rendue aux étoiles par ceux qui sont tombés des étoiles.

MUSÉE. Qu'en dis-tu, Baptiste ?

BAPTISTE. L'étoile détruit en dansant.

L'étoile est au-dessus des spectateurs.

 scène 4

Orphée, Musée et Baptiste sont sur le chemin, la carriole est lourde.

MUSÉE. Un, deux, trois, nous sommes trois sur cette mauvaise route.

BAPTISTE. Orphée ne dit rien.

ORPHÉE. Je suis heureux.

MUSÉE *(avec la voix de La Girouette)*. Dis-moi, Musée, qui étais-tu avant d'épousseter les semelles d'Orphée ?

BAPTISTE. Et toi, girouette, qui étais-tu ?

MUSÉE *(avec la voix de La Girouette)*. J'étais la colombe !

BAPTISTE. Et moi le démocrate impénitent !

Un chien miséreux entre et mange dans la main d'Orphée.

MUSÉE *(avec la voix de La Girouette)*. Voilà le premier rallié à notre cause !

BAPTISTE. C'est un chien galeux, idiote !

MUSÉE. Le hasard a toujours été mon plus fidèle allié.

MUSÉE *(avec la voix de La Girouette)*. Je ne suis pas le hasard, je suis la Providence.

MUSÉE. Je ne parle pas de toi mais du chien qui nous suit !

MUSÉE *(avec la voix de La Girouette)*. Infaillible est le flair des chiens à la traîne des prophètes !

ORPHÉE. Tu ne trouves pas la girouette un peu exaltée ?

BAPTISTE. Je crois qu'elle a de la fièvre.

ORPHÉE. Je vais mettre un chapeau sur sa tête pour la calmer.

Orphée couvre La Girouette d'une chapeau mais elle crie sous le bâillon.

MUSÉE *(avec la voix de La Girouette)*. Non, pas le chapeau !

ORPHÉE. Si, le chapeau !

MUSÉE *(avec la voix de La Girouette)*. Non, pas le chapeau !

ORPHÉE. Si, le chapeau ! Ah mais !

MUSÉE. Après avoir bâillonné le perroquet mystique, Orphée, Baptiste, Musée, le chien et la carriole arrivent à leur première étape, c'est la cour d'un hôpital.
Le soir tombe, une femme tient dans sa main une grenade.
Cachons-nous derrière ce providentiel buisson.

—————— scène 5 ——————

Dans la cour de l'hôpital, Orphée, Baptiste et Musée sont derrière un buisson. Victoire tient dans sa main une grenade. A ses pieds, la tête sculptée d'Orphée.
Victoire est une femme âgée qui n'a pas espoir de guérir.
Séléné la rejoindra bientôt, jeune fille dans l'horreur d'être.

VICTOIRE. Victoire et la grenade !
Victoire c'est moi et la grenade c'est toi, fruit de Perséphone, fruit des Enfers qui garde en lui un peu du feu éternel, et si je mets mon oreille ici il me semble entendre un murmure rouge qui vient d'un autre âge. Qu'es-tu maintenant que les fruits sont séculiers !
Marchandise parmi d'autres, toi dont le corps regorge des stigmates des disparus, toi qui es le trésor et le livre des morts.

Séléné est entrée.

SÉLÉNÉ. Les entends-tu ?

VICTOIRE. Les morts qui chantent dans ce fruit ensorcelé ?
Oui je les entends et leur exigence est si haute que j'éloigne un peu le fruit pour entendre la musique sans les paroles.

SÉLÉNÉ. Pourquoi es-tu si belle aujourd'hui ?

VICTOIRE. C'est ce jour qui est beau.

SÉLÉNÉ. Et moi je suis Séléné la lune…
Ce matin, je suis descendue au jardin. Il m'a semblé que le cyprès portait une rumeur jusqu'à moi, j'ai touché la base de cette grande flamme noire ne sachant plus bien si le bruissement que j'entendais était celui du vent ou de mon âme tentant de parler dans l'odeur verte.
Nous sommes très proches.

VICTOIRE. L'une de l'autre ?

SÉLÉNÉ. L'une de l'autre et d'un départ.

VICTOIRE. J'attends mes enfants.

SÉLÉNÉ *(elle jette un sac aux pieds de Victoire)*. Voilà tout ce que j'ai gagné dans ma vie, ça tient dans ce sac.

VICTOIRE. Qu'est-ce que c'est ?

SÉLÉNÉ. Je te l'ai dit, tout mon argent dans une valise, beaucoup d'argent que je suis allée chercher ce matin. J'ai dit : "donnez-moi tout ça puisque c'est à moi".

VICTOIRE. Pourquoi ?

SÉLÉNÉ. Parce que je veux partir, Victoire, ma Victoire.
Je veux m'enfuir d'ici, ce soir, et tu viendras avec moi !
Nous partirons sans savoir où et nous n'aurons plus peur.
Je veux partir et avoir une fois, une fois au moins, oh dis-moi que c'est possible, couronné ma tête d'un rameau imputrescible.

VICTOIRE. Où irions-nous ?

SÉLÉNÉ. Là où nous devons aller et que nous ne connaîtrons pas si nous restons.

VICTOIRE. Je ne peux pas.

SÉLÉNÉ. Nous avons trop effrayé les possibles avec nos faux devoirs et moi je ne veux pas mourir sans avoir accompli un exploit.

VICTOIRE. Un exploit ?

SÉLÉNÉ. Un exploit très simple, blanchir les pages à venir.

VICTOIRE. La mort, ma lune, c'est la mort que tu veux me donner.

SÉLÉNÉ. Qui le sait, mon amour ?
Mais j'étais morte moi-même, je suis morte tant que je n'ai pas pris ce chemin qui ne mène à rien.

VICTOIRE. J'attends mes enfants. Je suis malade et nul n'ose me dire que ma maladie est sans remède.

SÉLÉNÉ. Je suis le temps qu'il te reste ! Comprends-le ! Je suis ce temps hors du temps que tu peux ouvrir encore !

VICTOIRE. Tu me fais peur.

SÉLÉNÉ. Lève-toi, Victoire ma victoire !
Que vaut Séléné la lune sans sa victoire ?

VICTOIRE. Si le vent soufflait sur moi avec la violence de ta jeunesse, je serais déchirée à la première tempête.

SÉLÉNÉ. Surprends la mort !

VICTOIRE. Non.

SÉLÉNÉ. Etonne le diable avec des habits neufs !

VICTOIRE. Non.

SÉLÉNÉ. Soyons sous la pluie, soyons sous les étoiles. Venge-moi !
Prenons cette grenade pour guide et murmure des morts !
Allons en enfer, je suis ton Eurydice et tu ne rêves que de me voir dans l'or des profondeurs, et de vaincre les démons par ton chant !

On voit Victoire dans une très grande tristesse, il y a un silence où elle est au bord de l'abîme mais elle aperçoit ses enfants au bout du jardin.

VICTOIRE. Les voilà !
L'un derrière l'autre, et sans voir leurs visages je sais lequel devance.
Voilà les fauves auxquels j'appartiens, quand je suis près d'eux tu n'es plus rien. Va-t'en !

Séléné sort.

VICTOIRE. Embrassez-moi, amours, embrassez-moi !
Chaque fois j'imagine qu'à votre venue je sauterai de joie et vous ferai les fêtes que faisait notre petit chien de Bretagne quand il vous apercevait à la falaise.
Et chaque fois je reste digne et grave et je n'ose plus rien de ce que je m'étais promis de faire.
Je vaux moins qu'un chien sans doute qui ne mesure rien de sa joie et rien de son amour.

LE CADET. Ne dis pas ça.

Elle embrasse ses enfants.

VICTOIRE. J'aurai sans doute une tombe sans fleurs.

LE CADET. Ne parle pas de ça.

VICTOIRE. Parlons de la pierre de ma tombe s'il y a une tombe, mais peut-être pas, et des mots sur le marbre s'il y a des mots, mais peut-être rien. Rien !
Et laissez les broussailles effacer mon épitaphe, un manteau d'herbes sans nom.

L'AÎNÉ. L'ivresse du néant.

LE CADET. Comme notre père.

VICTOIRE. Votre père était un imbécile, ah le docte imbécile !
Capable de disserter sur le désespoir mais incapable de compatir. Le nom des fleurs, ça oui, même la glycine du jardin devenait une page de botanique. Ses mots n'étaient gorgés d'aucun silence, il n'avait jamais peur, il n'avait jamais cette peur qui est un peu de cet émerveillement.
Et sa mort aussi était une idiotie.
Pourquoi nous interdire de pleurer, et je me moquais bien des phrases qu'il avait cochées pour nous dans un recueil de poèmes chinois. Chinois ! Votre père était un Chinois ! Personne n'a compris que j'aie brûlé la bibliothèque.

L'AÎNÉ. Il y avait des livres anciens.

VICTOIRE. Ceux qui ont le mieux brûlé !
On ne demandait pourtant pas grand-chose, monsieur le Chinois ! Que tu reconnaisses les amis de tes enfants et les appelles par leurs noms et que parfois tu me dises que j'avais une jolie petite robe, et le droit d'avoir peur, peur de la vieillesse et peur du chagrin et le droit de le dire.

LE CADET. Tu étais l'alliée de sa froideur.

L'AÎNÉ. Tais-toi !

LE CADET. Tu étais l'alliée de sa froideur et tu nous élevais selon sa loi, et il est plus abject que tu nous aies élevés selon une loi qu'au fond tu condamnais.
Mon Dieu que nous avons manqué de fête !

L'AÎNÉ. Tais-toi je te dis !

VICTOIRE. J'ai essayé. J'ai essayé de réchauffer votre enfance, et si ma tendresse se changeait en devoir c'est que peut-être vous ne réclamiez de moi que cela.
J'ai été emmurée dans la perfection que mes enfants exigeaient de moi. Emmurée et trahie.

L'AÎNÉ. Nous sommes venus te parler d'argent.

VICTOIRE. Tout est fait j'espère ?
De mon vivant je vous ai tout donné. Peut-être ma seule joie ! Je vous ai, de mon vivant, tout donné et équitablement. L'un a la maison de la pluie, l'autre a la maison du soleil, à l'un les grillons, à l'autre les sirènes. *(A l'aîné :)* Tu aimais cet acier, cette force acharnée de l'iode qui bat dans les tempes, ce martèlement d'une question froide, cette mâchoire du rivage.
(Au cadet :) Et toi, ce sont les étoiles que tu interrogeais assis sur la pierre provençale dans les aboiements des crapauds et l'ombre de la couleuvre, ce pays effroyable, qui vous condamne à questionner.

L'AÎNÉ. Oui.

VICTOIRE. L'argent qui restait vous l'avez coupé en deux.

L'AÎNÉ *(lui présentant une feuille de papier)*. Il ne manque qu'une signature.

VICTOIRE. Mon nom, je le dessine plus que je ne l'écris.
(Elle signe.)
Et moi je viendrai tantôt chez l'un tantôt chez l'autre quand mon cœur réclamera la corne de brume ou l'odeur du romarin.
Je vous contemplerai, sur fond gris ou sur fond d'or, et j'embaumerai tout l'amour que j'ai contenu pour vous.
D'où vous vient aujourd'hui cette beauté presque effrayante, la fleur de votre âge ? C'est cela avoir trente ans ? Mes seigneurs !

L'AÎNÉ. Tu ne sortiras pas d'ici.

VICTOIRE. Ah ! Plus court encore.
Comment peuvent-ils savoir ?

LE CADET. Nous sommes venus te parler de la lettre.

VICTOIRE. La lettre ?

L'AÎNÉ. Celle que tu nous as envoyée.

VICTOIRE. Je voulais vous offrir à chacun ce cadeau, une grenade, fruit des origines, c'est une chose que je voulais vous dire.
Ne vivez pas comme nous, connaissez !

L'AÎNÉ. Pourquoi fais-tu cela ?

VICTOIRE. Quoi ?

L'AÎNÉ. Ce théâtre, assez !

LE CADET *(il lit la lettre :)*. "… ne me laissez pas subir le déclin et la pourriture, donnez-moi les moyens de ma dignité…"

VICTOIRE. Vous êtes ma dignité.

LE CADET. Pourquoi avoir toujours tant exigé de nous ? Pourquoi ?

L'AÎNÉ. Laisse-nous le temps d'un merci maladroit, mais comme notre père nous sommes pudiques.

VICTOIRE. Un adieu ?

L'AÎNÉ. Nous aussi nous aurons accompli notre devoir, les dents serrées.

VICTOIRE. Je ne comprends pas.

L'aîné sort de sa poche un flacon cacheté.

LE CADET. Le poison.

VICTOIRE. Je ne comprends pas.

LE CADET. Aucune douleur.

L'AÎNÉ. La dignité que tu nous réclamais, mon père l'avait tressée à sa manière. Vous resterez pour nous des étrangers merveilleux.

VICTOIRE. La dignité que je réclamais est la dignité de l'amour.

L'AÎNÉ. Oui.

VICTOIRE. Je ne comprends pas.

LE CADET. Nous allons te laisser.

VICTOIRE. Vous êtes venus me tuer.
Lequel de vous deux ?
Non ! Je ne veux pas savoir et je ne veux pas vous voir vous dénoncer l'un l'autre devant moi !
Vous êtes venus tuer votre mère !
Je vous maudis ! Vous et la race abjecte de votre père. Il vous regardait avec effroi, disant : "comment ai-je pu mettre au monde deux scorpions ?", et je ne le croyais pas !
Sa plus grande honte était de ne pas vous aimer, et de quoi est-il mort sinon de votre visage froid et des projets effrayants de votre fratrie !
Je vous hais ! Je vous hais ! Vous n'êtes rien !

L'AÎNÉ. Tais-toi !

VICTOIRE. Toi tu n'as su que grever mon devenir, c'est tout ce que tu sais faire.
Tu prévois, tu endigues le demain, et tu ne laisses rien pousser au hasard.
C'est pourquoi tu es le mal absolu, tu ratures le possible.
Et toi tu n'es rien que le valet de ton aîné et tu n'as vécu que de ses rognures ! Second de la plus répugnante gémellité qui soit.
Ce sont les êtres de votre race qui agrandissent le désert mais moi je suis une femme.
Je suis une femme !

L'AÎNÉ. Tais-toi ! Tais-toi !

Il la frappe.

MUSÉE *(sortant de sa cachette)*. A la rescousse, girouette, ce sont les promoteurs du désert ceux qui humilient l'avenir !
A l'attaque !
Ferraille ferraille ! Vieille épée à broussaille, crache ta fumée, oiseau des hautes cimes !
(Musée tient les deux frères en respect avec un râteau et des pitreries. La girouette les enfume, ils tombent.
A Victoire :) Ils ne sont pas morts, ils dorment.
Eh bien, réagis, créature de Dieu, tu viens de naître !

Séléné est entrée.
Orphée sort de sa cachette.

VICTOIRE. Tu es la statue du jardin.

MUSÉE. Et moi le lutin du miroitement céleste.

VICTOIRE. J'ai appris ton visage par cœur.

MUSÉE. C'est moi qui l'avais jeté dans les broussailles, ce chef de plâtre !

VICTOIRE. Qui suis-je ?

BAPTISTE. Tu es le bois de son brasier chantant !

VICTOIRE. Que dois-je faire ?

ORPHÉE. Viens avec moi, je te promets que nous n'allons nulle part.

VICTOIRE *(montrant ses enfants)*. Ils m'ont tout pris.

SÉLÉNÉ. Moi je sais ce qu'ils ne pouvaient pas te prendre.

VICTOIRE. Ils ont pillé les jours qui me séparent de ma mort.

SÉLÉNÉ. Aucun tyran jamais n'asservira le demain.

VICTOIRE. Je n'ai plus de force.

SÉLÉNÉ. La force c'est moi qui te la donnerai, et les jours qui te séparent de ta fin sont à moi.

VICTOIRE. Séléné ! Séléné !

SÉLÉNÉ. Mon nom est un remède, tu ne devines pas en quoi cette heure est déjà réponse à la question qui sera posée.
Nous sommes libres dans l'étendue ensorcelée de nos pages blanches !

VICTOIRE. J'avais blessé ma providence mais je t'ai rencontrée.
C'est pour moi le moment de brûler cette cendre que je m'étais infligée.
Toi, le coupe-papier des pages proscrites de mon recueil.

SÉLÉNÉ. Viens, fuyons ! Ne prends pas de manteau.

VICTOIRE. Regarde-les dormir.
Mes enfants. J'épingle dans votre dos un poème, dans votre dos, ce poème que vous êtes libres d'arracher et de violer avec votre âme méchante.
Qu'il fasse de vous des pèlerins, ce poème épinglé.
Et vous parcourerez le monde en mendiant qu'on vous le lise. Et chacun dira un texte différent.
Mendiez ! Mendiez ! Le lecteur du poème que vous portez ne sera pas un de vos familiers, c'est le grand inconnu pour qui vous n'êtes qu'un homme parmi d'autres dans la fureur de sa soif.
Mendiez !

SÉLÉNÉ. Tu m'éblouis.

MUSÉE. Vous les ânes, dormez !
Vous ne serez que des ânes tant que vous n'aurez pas compris cela :
Dieu est avenir.

Ils partent.

—————— scène 7 ——————

En chemin, Orphée, Musée, Baptiste, Victoire, Séléné et la girouette.

MUSÉE. Et nous revoici sur cette mauvaise route ! Un, deux, trois, quatre,
cinq, nous sommes cinq.

MUSÉE *(avec la voix de La Girouette)*. Et moi six !

SÉLÉNÉ. Penses-tu que nous sauverons le monde, girouette ?

MUSÉE *(avec la voix de La Girouette)*. Nous allons aux feux de croise-
ment !
Armes, chemins, persiennes, vous avez en commun la croisée !

ORPHÉE. Elle ne sait plus ce qu'elle dit !

VICTOIRE. Pourquoi marchons-nous, Orphée ? Je le devine et j'ai
besoin que tu me le dises encore !

ORPHÉE. Nous, nous allons sertir l'absence !

BAPTISTE. Comment sculptais-tu, Musée, quand il n'y avait personne
pour souffler sur les engelures de tes mains ?

MUSÉE. Ah !

MUSÉE *(avec la voix de La Girouette)*. N'as-tu jamais douté de ton
ouvrage ?

MUSÉE. Qui te rend si mélancolique, ma canaille à ressorts ?
Le sang des suppliciés m'a plus d'une fois arraché le burin des mains,
et aussi l'imposture des églises et aussi, le plus souvent, mes mains
elles-mêmes. Ah ! j'ai désespéré de mes mains !

MUSÉE *(avec la voix de La Girouette)*. Tes mains ont la mémoire du
pianiste.

MUSÉE. C'est vrai, souvent je ne me souvenais plus de la sonate que je devais jouer mais sitôt que je jouais la première note… Il ne fallait pas que je m'arrête en route. Quelle étrange mémoire que celle des mains qui travaillent.

ORPHÉE. Mais aujourd'hui doutes-tu de ton ouvrage ?

MUSÉE. J'ai appris à pousser ma carriole sans plus y croire et à distribuer l'effigie sacrée sans plus y croire.
J'ai continué sans plus y croire, et pour cela déjà je mérite l'estime de mes frères !

ORPHÉE. Quand l'homme qui ne croit plus s'agenouille et prie, alors commence la prière.

MUSÉE. Voilà notre deuxième étape, les archéologues !
Ils sont arrivés sur un champ de fouilles au cœur de la ville, une terre éventrée. Des chercheurs s'agitent autour d'un trou, ils font des oh ! et des ah ! en exhumant une boîte usée, très mystérieuse.

ORPHÉE. Cachons-nous derrière ce providentiel buisson et voyons s'il y a un des nôtres dans leurs rangs.

MUSÉE *(avec la voix de La Girouette).* Ont-ils besoin de tourmenter ainsi la terre ?

SÉLÉNÉ. Ils ont trouvé une tête d'Orphée !

MUSÉE. C'est moi qui l'ai laissée là il y a des siècles !

——————— scène 8 ———————

Bienvenu est l'un des archéologues mais il se tient en retrait, il regarde la tête oraculaire avec tendresse.

BIENVENU. Et le visage qui a inspiré cette sculpture ne doit plus être qu'un crâne boueux.
Voilà la pauvre terre sommée de donner, voilà la profanation bien pensante, avons-nous besoin des trésors de la terre, son plus grand trésor n'est-il pas que nous reposons sur elle.
Nous sommes sur la terre, nous sommes dans sa halte, nous vivons de sa paresse !
Et les cadavres qu'elle berce, quel est leur trésor, sinon l'allégeance des mots à travers les âges.

PREMIER ARCHÉOLOGUE *(extrayant du sol un coffret)*. Nous voici à l'heure d'une révélation. Ce coffret est bien ce que nous cherchons.

DEUXIÈME ARCHÉOLOGUE. Les moines byzantins ont donc enfermé dans ce coffre la première parole de la foi. Pas seulement de la foi chrétienne, mais de toute foi. Un testament en une phrase.

TROISIÈME ARCHÉOLOGUE. Ce doit être un papyrus, peint il y a vingt-cinq siècles par les adorateurs d'Orphée. L'évangile d'Orphée.

BIENVENU. Peut-être vaudrait-il mieux la perdre à nouveau, la laisser aux Enfers comme Eurydice qu'Orphée préférait désirer et chercher éternellement.

PREMIER ARCHÉOLOGUE. Nous ne sommes plus de ce temps.

BIENVENU. Ah ?

DEUXIÈME ARCHÉOLOGUE. Cela nous appartient, à nous hommes de science !

BIENVENU. Cela nous appartient ? Nos yeux pour lire, eux-mêmes ne nous appartiennent pas. Et la parole qui a parcouru les siècles nous appartiendrait ?

TROISIÈME ARCHÉOLOGUE. Oui, en tant qu'impartiaux scrutateurs.

BIENVENU. Et si justement elle ne devait jamais tomber dans des mains impartiales mais dans les mains les plus furieusement partisanes ?
Dans des oreilles de mystiques pornographes ou de trafiquants d'armes inspirés.

TROISIÈME ARCHÉOLOGUE. Tu n'as pas le droit de dire une chose pareille. Comment pourrais-tu être partisan d'une culture du secret ?

Bienvenu leur reprend le coffret des mains.

BIENVENU. Vous êtes bien partisans d'une mise en lumière qui est l'anéantissement de la lumière.

PREMIER ARCHÉOLOGUE. Alors donne-nous ce coffret si tu as peur de briser une loi ancienne.

BIENVENU. La vérité est que je me méfie de vous et de cette joie de déterrer.
Pillards assermentés ! Colonisateurs du passé !
Et vous êtes si soucieux de votre gloire que demain, tous, vous vous battrez pour signer cette découverte.

Et je vois aussi vos yeux, ralliant, paginant, déchiffrant, disséquant, dépeçant. Mais si la parole que nous allons trouver ici méritait mieux qu'une classification et un brevet d'authenticité, si elle méritait d'être lue pour elle-même ?
Si elle méritait de n'être lue que par ceux qui ont le désir de la lire ?
(Il ouvre le coffre, lit la parole.)
Si simples. Combien ? Huit.
Huit mots et le ciel s'ouvre.

DEUXIÈME ARCHÉOLOGUE. Il pleure.

BIENVENU. Quelle bouche les a dictés ? Quelle main les a écrits ?

PREMIER ARCHÉOLOGUE. Donne !

BIENVENU. Non ! Non ! Pas à vous ! Ennemis ! Pas à vous !

TROISIÈME ARCHÉOLOGUE. Donne !

BIENVENU. Pas à vous, je connais trop vos yeux salissants, les crocs derrière vos lèvres, je connais vos tutelles, je vous connais puisque je connais vos maîtres !

PREMIER ARCHÉOLOGUE. Tu es ridicule.

BIENVENU. Dansez et je vous donnerai ces mots ! Dansez comme un père qui cherche à faire rire son enfant malade ! Dansez !

PREMIER ARCHÉOLOGUE. Tu te moques de nous.

BIENVENU. Jamais je ne vous ai respectés comme à cet instant, je vous donne une chance, dansez pour ces huit mots !
Vous avez beaucoup fait pour les obtenir, vous pouvez bien danser un peu.

DEUXIÈME ARCHÉOLOGUE. Pourquoi ?

BIENVENU. Pour faire la moitié du chemin, votre liberté.
Pour embrasser à travers eux les bouches absentes et bien-aimées qui les ont mûris pour vous !
On ne vous demande pas de prouesse, on ne vous demande pas le triple salto, juste un pas ou deux.

DEUXIÈME ARCHÉOLOGUE. Sont-ils si précieux ?

BIENVENU. Mais ils sont la branche de l'olivier dans le bec de la colombe !

TROISIÈME ARCHÉOLOGUE. Donne.

BIENVENU. DANSEZ !

Les archéologues se réunissent et délibèrent.

PREMIER ARCHÉOLOGUE. Nous ne danserons pas.

BIENVENU. Laissez-moi encore être le défenseur de vous-mêmes.
Laissez-moi encore plaider la cause de ce qui vit en vous.
Cette ballerine enfermée dans une boîte et qui est prête à tourbillonner.
Votre partenaire secret, la ballerine de sucre sur un miroir confiné. On
ne vous demande pas le faune, juste un peu de déhanchement avec
l'imaginaire. Un rien de côté.

DEUXIÈME ARCHÉOLOGUE. Et toi, danses-tu ?

Bienvenu danse.

TROISIÈME ARCHÉOLOGUE. Nous ne danserons pas.
Aucun de nous ne dansera. Notre travail suffit. Il nous donne droit par
la persévérance des années de recherche à connaître ces huit mots.

BIENVENU. C'est un instant de légèreté que réclament ces mots !

TROISIÈME ARCHÉOLOGUE. Ce n'est peut-être pas un pas de danse qui
me les donnera, mais s'il faut un coup de gourdin !

Bienvenu avale le papyrus.

BIENVENU. Je suis désormais le frère d'une ombre ancestrale et le fiancé
d'un murmure célèbre.
(Montrant son corps.)
Ceci n'est plus que la barque d'un naufrage, la cloche d'un exploit à venir.

MUSÉE. Oh ! une petite grenouille ! Et si je l'avalais moi aussi pour voir
moi aussi ce que cela change en moi ?
(Musée avale la grenouille et avec la voix de Bienvenu.)
Je suis la troisième patte du canard, je suis le dentier de l'impératrice !

BIENVENU. Maintenant que j'ai mangé ces mots je voudrais les marcher.
Je voudrais croiser une cohorte d'insignes marcheurs.
Tournant le dos à tous les dogmes et ne déchirant le désert qu'avec
un autre désert : l'appel à la foi.
L'appel à l'appel de la foi, d'avant toute foi, d'avant toute loi, d'avant
toute hiérarchie.
Nous marcherions ce texte muet, nous le marcherions pour qu'il n'im-
pose nulle part son masque, nous marcherions pour ensemencer la
terre du sang de nos pieds et non plus de l'encre de nos castes.
Là où rien ne relie, là où le lien n'est lié de rien, là où le relier est verbe
de rien, qui se nourrit et s'inonde et s'éclaire de lui-même.

MUSÉE. Coa ! Coa !

BIENVENU. A l'heure la plus férocement noire nous défierons la ténèbre par le côte à côte calme de nos avancées.
Une résistance, que nous ne permettrons pas d'inscrire sur une charte.
Ce pur froissement de l'air de deux marcheurs singuliers, que rien ne retient et qui pourtant s'escortent.
Et si nous parlons ce sera contre le discours.
Et si nous détruisons ce sera pour abattre ce qui déjoue la perspective.

MUSÉE. Et nous nous appellerons dans la nuit insondable comme des grenouilles éperdues qui se cherchent et se devinent à leurs déchirants cris d'amour.
Coa ! Coa !
J'ai l'impression qu'elle saute dans mon cœur cette grenouille. J'aurais dû mieux la mâcher, tu l'as mâchée, toi, ta parole ?

BIENVENU. Alors le quadrige des puissances fera halte, interrogé dans sa course, et nous nous garderons de lui dire quoi que ce soit, car nous serons gardés par l'acte pur de notre marche.
La Justice, je la rendrai avec mes pieds !
L'espoir ne sera pas l'indication d'une terre promise mais l'infatigable foulée de mes chevilles !
La paix ne sera pas cette inquiétante immobilité des forces mais la certitude de n'être là au nom de rien.
Alors peut-être Dieu pourra-t-il encore respirer les fleurs du jardin, comme un poète anonyme, tenant son petit recueil fermé contre sa joue, sous les rires d'enfants qui se moquent de la bizarrerie de son chapeau.

MUSÉE *(lui désignant Orphée)*. Voilà un visage qui ne déniera pas ce que tu souhaites.

BIENVENU. Je souhaite voler.

MUSÉE. Je crois qu'il vous a volé votre victoire.

PREMIER ARCHÉOLOGUE. Qui êtes-vous ?

MUSÉE. Le décapité idéal. Et vous ?
Ils transforment en statue ce qu'ils regardent et toi tu dois faire revivre ce plâtre avec le feu de ta pupille.

DEUXIÈME ARCHÉOLOGUE. Cette zone est interdite.

MUSÉE. A moi on ne me fait pas le coup de l'interdit mais je vous autorise à vous interdire vous-mêmes.
Et si ce charmant garçon vous a dévalisés, je tiens à dire que je suis toujours du parti du voleur, mais pour vous dédommager je veux bien vomir ma grenouille.

DEUXIÈME ARCHÉOLOGUE. Dis-nous ce qui était écrit.

MUSÉE. Sur ma grenouille ? Jamais.

BIENVENU. Vous n'avez pas voulu danser ! Vous n'avez pas voulu payer votre passage avec une danse, trop tard, rien, vous n'aurez rien.

TROISIÈME ARCHÉOLOGUE. Voleur ! Tu vas parler ! Je te ferai parler !

MUSÉE. Voici la girouette de la justice !
(Musée les enfume, ils tombent. Orphée apparaît.)
Voilà, ils dorment.
Tu le reconnais ?

BIENVENU. Oui.

BAPTISTE. Orphée n'est pas un prophète, il ne construira rien, c'est pourquoi tu peux croire en lui.
Il indiquera le lieu du divin mais n'annoncera pas le dieu, il enjoindra ceux qui le veulent à circonscrire ce lieu de l'absence.

ORPHÉE. Tout commence par cette absence, un hymne, sans doute, ce lieu où l'absence pétille.
Orphée n'est que l'oraison, il n'est que la floraison, l'huile de lampe.

MUSÉE. Faites-leur les poches, et déchirez aussi leurs cartes d'identité.

VICTOIRE. Il murmure.

MUSÉE. Et que murmure-t-il ?

VICTOIRE. Pauvre enfant.
Il dit : "Je dois me réveiller et danser."

MUSÉE *(avec la voix de La Girouette)*. En route, en route !

De nouveau sur la route, les mêmes plus Bienvenu.

MUSÉE. Nous revoici, un, deux, trois, quatre, cinq, nous sommes six sur cette sente périlleuse !

BAPTISTE. Girouette ! Reprenons hardiment le cours de notre dispute.

Qu'espères-tu, toi qui viens d'un mois de mai immémorial ?

MUSÉE *(avec la voix de La Girouette)*. Connaître la suite.

BIENVENU. Et que veux-tu en savoir ?

MUSÉE *(avec la voix de La Girouette)*. Qui est le dieu d'Orphée ?

ORPHÉE. Un dieu nouveau, celui du poète, indemne de tous les devoirs, le Préservé.

VICTOIRE. Et Orphée le laissera dans son île inaccessible, il ne chante que son rivage, les naufrages de ses écueils, l'or des amarres à ses pontons.
C'est pourquoi nous resterons en deçà d'une promesse frauduleuse.

BAPTISTE. Une quarantaine !
Voilà notre lot, une quarantaine glorieuse !

MUSÉE *(avec la voix de La Girouette)*. C'est donc cela qui se joue !

MUSÉE. Oui, ma vieille guimbarde, c'est cela qui s'élance dans le vide !

ORPHÉE. Il est temps que tu nous dises l'histoire de ton éloignement.

MUSÉE. Car cette histoire nous appartient, elle t'a jeté à nos trousses et l'irréparable est notre lien.

ORPHÉE. Oui, Baptiste, tu avais promis de nous dire pourquoi on ne peut te toucher et t'embrasser.

VICTOIRE. Nous t'écoutons.

Derrière eux le décor change et sans qu'ils aient bougé, ils se trouvent maintenant en regard d'une petite chambre sombre et sans fenêtre où Baptiste attend, les mains croisées.
A côté, une autre pièce, un bureau, un homme sans visage écrit...

BAPTISTE. J'étais inquiet et depuis l'enfance rien n'aurait su me départir de cette inquiétude. Elle était mon escorte infatigable, j'étais son cavalier ancien, elle était la part d'ombre que je devais veiller. Jouant avec mes bateaux de bois, je gardais secret ce lieu de moi indocile auquel il faudrait bien un jour se vouer. Inquiétude, est-ce le mot ? C'était le mien, depuis que je l'avais entendu dire et qu'il avait semblé le plus voisin de la couleur mercuréenne de mon mal. Un peu à l'écart, déjà à l'écart, je regardais les danseurs sous les lampions, et je témoignais pour moi-même d'une obscure différence qui leur permettait une insouciance méprisable et douce. O comme j'aurais voulu danser, mais lorsque je dansais on aurait plutôt dit un lutteur, et la frénésie que je mettais à épuiser mes membres laissait imaginer le monstre invisible avec lequel je faisais corps.
Aucun remède, et il ne fallait pas de remède, me privant de ce tourment béni on m'aurait ôté le goût de la vie, on m'aurait ôté la vie et je serais tombé en poussière sans avoir pu dire ce qui me foudroyait.
Ce trésor qu'au fond je rêvais de partager. Le compagnon qui aurait connu ce que j'appelle : mon inquiétude, je l'ai cherché mais je ne l'ai pas trouvé. Voilà pourquoi, déjà, bien avant mon malheur, une irrémédiable distance entre moi et mes proches s'aggravait avec le silence et la confirmation de ma différence.
Mais comme dans mon pays toutes les églises avaient été détruites, détruites toutes, et d'avant mes pères, je ne pouvais répondre à cette question d'ombre affamée que par un mot, mot dont je ne savais rien de plus que ce qui me conduisait à lui, mot qui semblait vouloir se charger de mon inquiétude et en faire son feu, mot sans borne, émérite et flou, la Démocratie.
J'appartenais désormais à ce mot, comme si j'avais rencontré en lui ce compagnon d'inquiétude qui m'avait fait défaut.
Voilà comment j'étais sous les banderoles, le jour où ils m'ont arrêté, moi et les autres, chacun pour ses raisons.
J'attendais dans une petite pièce fraîchement repeinte, blanche à faire mal. J'avais peur, je tremblais sur un banc de faïence blanche, une sorte de paillasse qui me servait de banc. Je ne sais pas combien de temps,

interminable était l'attente de cet interrogatoire, il n'y avait aucune fenêtre. Et puis la porte s'est ouverte, on m'a fait signe d'avancer et j'ai pris place dans un bureau.

UN HOMME. Vous avez organisé et dirigé cette manifestation contre notre pays, il ne faut pas faire cela, pourquoi avoir fait cela, n'aimez-vous pas notre pays ? N'êtes-vous pas ému aux larmes en entendant les poèmes de votre enfance qui chantent ses collines. N'avez-vous pas aimé comme nous ses fêtes et ses forêts.

N'avez-vous pas été aimé par ce pays, votre cœur rebelle est le cœur rebelle de tout un peuple, mais ne vous trompez pas d'ennemi. Car vous ne savez pas la conspiration, vous ne savez pas.

Ne devenez pas malgré vous, vous et les jeunes gens que vous séduisez par vos paroles, ne devenez pas l'allié involontaire de ceux qui veulent notre perte. N'auriez-vous pas tout perdu si vous perdiez l'amour de nos forêts ?

BAPTISTE. Quelle étrange douceur, il semblait même, une larme était-ce une larme ? Il semblait même voir perler une mélancolie, était-ce une larme ?

Et toujours les mêmes mots. J'attendais une sentence et c'était plutôt une élégie, bientôt venait fleurir la fleur brodée au pourpoint du costume national.

UN HOMME. Pourquoi ? Pourquoi avoir fait cela ? Ne faites plus cela, aidez-nous, aidez votre pays.

BAPTISTE. Un pourquoi qui ne demandait pas de réponse, un hochement de tête.

Interminable aussi, interminable sa parole comme l'avait été l'attente muette dans la petite chambre froide. Mais pas de sentence.

Alors, un mouvement de lyrisme.

UN HOMME *(debout sur le bureau agitant un drapeau)*. Accepte ! Accepte avec tes frères que la lumière des astres n'exclut pas la splendeur de nos flambeaux ! Accepte de tomber, d'être tombé, et de vivre là parmi ceux que tu aimes. Ne prends pas sur toi seul le demain trop lourd qui ne s'imagine pas et qui peut te briser ! Sois dans la confiance de tes pères !

BAPTISTE. Debout sur le bureau, dans cette posture infernale qu'il avait dû copier aux bas-reliefs des mémoriaux.

UN HOMME. La plus grande joie ! La plus ineffable joie ! Là où a coulé le sang de mes frères. La joie d'être à genoux sur ma terre, de baiser le cimetière de mes héros, cette terre dans ma bouche affamée de clarté.

BAPTISTE. Et puis ce furent les adieux car finalement on me laissait libre. Perfidie ? Clémence ? Simulacre ? Dans quel couloir me faisait-on marcher ?

UN HOMME. Ce que je vous ai dit, je le crois, fera en vous son chemin. Vos yeux ont déjà une autre couleur. Partez maintenant, allez parler aux vôtres.
Pardonnez-moi de ne pas vous serrer la main.

BAPTISTE. Je ne la lui avais pas tendue.

UN HOMME. Pardonnez-moi de ne pas vous serrer la main.

BAPTISTE. Spectre d'un sourire sur votre visage ? Tristesse du bourreau ?

UN HOMME. Pardonnez-moi de ne pas vous serrer la main, la chambre dans laquelle vous avez longuement attendu a été irradiée mais vous n'en connaîtrez les conséquences que d'ici une dizaine d'années.

———— scène 11 ————

Retour au temps présent.

SÉLÉNÉ. Nous n'échapperons pas à nos bourreaux. De cette certitude, nous faisons une écharpe. Et nous cherchons le moyen d'apprendre plus par notre martyre qu'ils ne gagnent à notre destruction. Nous ne chercherons pas à les désarmer mais simplement à rendre notre souffle plus long que le leur.

VICTOIRE. Nous serons avec toi, Baptiste, nous marcherons dans ton sillage.

BIENVENU. Et s'il ne t'avait empoisonné que d'un mot ?

BAPTISTE. Et si la chambre de mon attente n'était pas irradiée, comment le savoir, quand le saurai-je ?
Je n'aurai été empoisonné que d'un mot.
Mais je devais quitter ma famille.
Mais je devais vivre cette entaille qui n'est peut-être qu'un mensonge.

Derrière eux le décor a changé, un cabaret de fortune dans une ville immense.

MUSÉE *(avec la voix de La Girouette)*. Voilà notre nouvelle étape.

ORPHÉE. La loge d'une actrice, Musée, écoute un peu derrière la porte avant d'entrer sans frapper.
Nous, allons nous cacher derrière ce providentiel buisson.

scène 12

Dans la loge de Lavinia, prostituée célèbre. Le fils du Professeur, un soupirant, est en train de cirer les bottes de la divine.

LAVINIA. Il est définitivement hors de question de tirer parti de l'expérience !
Nous ferons inlassablement les mêmes bêtises.

LE FILS DU PROFESSEUR. Nous rirons bien.

LAVINIA. Nous souffrirons bien et nos plaies seront ce qu'il restera à l'Occident pour chanter sa pourriture !

LE FILS DU PROFESSEUR. Ma reine !

LAVINIA. Pour bibliothèque, il n'y aura plus qu'un moulage en airain de ma croupe !

LE FILS DU PROFESSEUR. Inégalable !

LAVINIA. Viens un peu l'embrasser cette croupe avec ta petite bouche d'idiot et donne-moi de cet alcool de poire qui assomme. Tiens ! Je vais te gifler un peu. Comment trouves-tu cet accoutrement ?

LE FILS DU PROFESSEUR. Ridicule !

LAVINIA. Lèche mes chaussures et fais le chien. Je voudrais avoir un chien, j'ai déjà eu un chien, j'en ai même eu deux, j'ai eu deux chiens, ils sont morts. J'ai pleuré ! J'avais oublié de les nourrir !
Sur terre ce qui est magnifique, c'est que l'on nous permet de voir ce qui nous est refusé.

LE FILS DU PROFESSEUR. Je ne vois pas ce qui te manque.

LAVINIA. Je parle des étoiles, imbécile. Aboie !

LE FILS DU PROFESSEUR. Ma reine. OUAH !

LAVINIA. Ce soir je te vendrai en morceaux.
Je te vendrai morceau par morceau, aux enchères, ce sera très amusant !
Et nous nous vengerons de ton pauvre père !

LE FILS DU PROFESSEUR. Qu'est-ce que tu dis ?

LAVINIA. Ton papa, idiot ! Ton papa viendra ici ce soir, comme si tu ne savais pas que je couche aussi avec ton papa, qui m'a offert ce lieu avec l'argent de tes études ! Et ce soir nous nous vengerons de lui, toi et moi.

LE FILS DU PROFESSEUR. Venger de quoi ?

LAVINIA. Mais de rien, il a toujours été adorable, ce sera parfaitement injuste. Et toi comme tu es un dégénéré tu feras ce que je te dis, comme le jour où je t'ai arraché un sein et d'ailleurs ça ne t'a pas fait si mal que ça. Fais voir la cicatrice !
Ma plaie à moi ne se referme pas si facilement, il est vrai que je la travaille et que je ne laisse pas les démons en faire n'importe quoi.
Tu n'as jamais bien fait le chien ! Tu as toujours été très mauvais au chien, ton père aussi, c'est de famille, tu lèches mal, Etienne léchait bien, il faisait très bien le chien, il me léchait magnifiquement, c'était un catholique !
C'est ce qui vous manque à vous.
Comment s'appelait ce poète qui est mort cramponné à sa pantoufle ?

LE FILS DU PROFESSEUR. Je ne sais pas.

LAVINIA. Eh bien il aurait mieux fait de prendre son pied si tu vois ce que je veux dire, manque flagrant de catholicité !
Crois-tu au diable ?

LE FILS DU PROFESSEUR. Je crois à l'éternel capitaliste.

LAVINIA. Si c'est ta seule image du diable, pas étonnant que tu sois tombé dans mes filets. Le diable c'est pourtant simple, c'est…

LE FILS DU PROFESSEUR. Dis-le !

LAVINIA. Ce qui hypothèque demain.
Comment font-ils pour faire entrer la poire dans la bouteille ? Oh ! j'ai troué mes mules ! Ce soir je t'exécute.

LE FILS DU PROFESSEUR. Bien.

LAVINIA. Ça fera très mal. Pour ne parler que des douleurs physiques. Le diable, ce compensateur ! Il s'imagine que par misère nous allons tout pendre à son clou. Il y aura toujours un avenir, tu n'y peux rien, usurier des âmes !
Diable, le nouveau est en marche et moi je suis le petit oiseau qui vole en devant du navire et chante à la proue de la caravelle !

Je me demande si ce n'est pas l'heure de me parfumer.
Je suis là pour dévorer l'imprescrit et danser plus vite que mon ombre.
On frappe, va ouvrir !

MUSÉE *(entrant avec une statue d'Orphée)*. J'apporte une bonne nouvelle !

LAVINIA. Est-elle insolente cette bonne nouvelle ?

MUSÉE. Elle est ce qui aujourd'hui te permet l'insolence et qui demain te permettra la douceur.

LAVINIA *(voyant la statue du visage d'Orphée)*. J'ai déjà vu cet homme.

MUSÉE. Maintenant tu le reconnaîtras.

LAVINIA. Qui est-ce ?

MUSÉE. Celui qui connaît le nom de Dieu.

LAVINIA. Me le dira-t-il si je le lui demande ?

MUSÉE. Aussi bien il pourrait te le demander, le nom de Dieu est entre nous.

LAVINIA. En tout cas, je ne veux faire aucun effort.

MUSÉE. Fais-tu des efforts pour être belle.

LAVINIA. Tu me plais, annoncier.

MUSÉE. Quelle est ta tâche ?

LAVINIA. Putain sublime, c'est mon rôle.

MUSÉE. Courtisane sacrée !

LAVINIA. Un peu de chair sous les étoiles.

MUSÉE. Lui t'enseignera ce pour quoi tu es faite !

LAVINIA. C'est l'heure de m'embaumer !
Lequel de vous m'embaumera ?
(Regardant la statue d'Orphée.)
Ce visage est très beau.
Allons, qui veut tenir le flacon ?

LE FILS DU PROFESSEUR. Moi !

LAVINIA *(à Musée)*. Et pourquoi pas toi, le petit nouveau ?

MUSÉE. Me voilà embaumeur. Bon, passe-moi la bouteille et faisons vite, je n'ai pas que ça à faire, moi !

MUSÉE *(avec la voix de La Girouette).* Parti pour sauver le monde, le voilà à asperger une putain.

LAVINIA. Qui parle ?

MUSÉE. Ma girouette.

LAVINIA. Ta girouette a beaucoup d'esprit.
Enfin, l'odeur du jardin de mon père ! C'est un mélange de citron et d'eucalyptus, il y a aussi du lézard et de la dragée ! Les vêpres, avril en Provence, et mon père.
Mon père ! Mon père, aie pitié de moi !
Que disent-ils dans mon dos ?

MUSÉE. Que vous êtes une enfant trouvée et que vous avez toujours vécu sans père.

LAVINIA. Ils se vengent.
Savent-ils ce que c'est qu'un père ?
Il faut avoir veillé un gouffre pour le comprendre, cet appel fou du vide, et cueillir la dernière pensée du ravin, tout enivrée par le danger, écornée par le froid, la cueillir d'une main enfantine, l'ultime corolle de l'abîme.

(On entend le Professeur qui chante :)
> Larguez les amarres !
> Hissez haut les voiles !
> Hurle la fanfare !
> Brillent les étoiles !
>
> Je cracherai sur mes parents
> Perché au clocher de l'ivresse.
> Dans un plaisir désespérant
> Je leur exhiberai mes fesses.
>
> Jusqu'au matin je danserai
> Et lorsque mes pieds saigneront
> La terre enfin désaltérée
> Fera pousser des liserons.

LAVINIA. J'entends mon professeur, va-t'en, ton père ne doit pas savoir que tu es ici, répète ton rôle dans ce placard !

Le fils se cache, le père entre.

LE PROFESSEUR. Il n'y a plus de grands poètes parce qu'il n'y a plus de grandes inspiratrices !

LAVINIA. Y a-t-il encore des poètes qui se tuent comme au bon vieux temps ?

LE PROFESSEUR. Ta beauté, Lavinia, n'est-ce pas le plus ancien courage ? Car ne te trompe pas sur toi-même, tu l'as choisie, tout est choix !

LAVINIA. Et toi tu as choisi d'être vieux, laid et rempli d'un savoir inutile et de me répugner autant par ton visage que par tes discours.

LE PROFESSEUR. Tu es belle comme un vers de Théocrite.

LAVINIA. De quoi suis-je si belle ?

LE PROFESSEUR. Quand on te regarde, le temps, la mort et la chair sont un scandale révélé.
Sais-tu ce que c'est que la chamade ?
C'est un chœur de trompettes et de tambours que faisait résonner la ville assiégée pour dire sa capitulation à l'assiégeant.

LAVINIA. Professeur, je vous tuerai bientôt.

LE PROFESSEUR. Oui, mon amour, quand tu voudras. Dis simplement : meurs, et je mourrai.

LAVINIA. Mais vous êtes trop vieux pour faire un joli supplice !

LE PROFESSEUR. Aimes-tu voir mourir les jeunes gens ?

LAVINIA. Oh oui !
Allons en Amérique où l'on peut voir mourir de beaux jeunes forçats nègres derrière une vitrine.

LE PROFESSEUR. Tu veux dire une vitre.

LAVINIA. Une vitrine, professeur, je vous le jure, une vitrine, d'ailleurs en Amérique tout est en vitrine !

LE PROFESSEUR *(voyant la statue)*. A qui est ce visage ?

LAVINIA. Il a fallu sans doute un grand courage pour être la beauté de cette statue.

MUSÉE. Embrasse-la, Lavinia, que je te voie embrasser mon œuvre, regarde ces pauvres mains abîmées.

LAVINIA. Je l'embrasserai si tu frappes le professeur.
(Musée n'hésite pas. Lavinia embrasse la statue en tournant sur elle-même, il y a de la musique.)
Il m'a semblé sentir ses lèvres bouger.
Il vous a fait mal, professeur ?

LE PROFESSEUR. Oui, Lavinia.

LAVINIA. Comment ?

LE PROFESSEUR. Oui, Lavinia.

LAVINIA. Eh bien, dis merci au monsieur de t'avoir corrigé. Dis : "Merci monsieur."

LE PROFESSEUR. Merci monsieur.

LAVINIA. Il l'a fait, il fait tout ce que je lui dis.

MUSÉE. Il pleure.

LE PROFESSEUR. O jeunesse d'erreur ! O érudition ! O honneurs ! Vous ne valez pas de délacer les sandales de Lavinia, car elle est l'insolence de la vie même et non pas un discours !
La cendre a-t-elle le droit de réclamer la cause qui l'a brûlée ?
Flamme, tu es le secret, toi qui ne brûles que pour toi.

LAVINIA. Tais-toi, gâteux !
Vous ne savez pas qui je suis, pourriez-vous savoir ce que je cache derrière mes pitreries ?
Je veux un chemin ! Un chemin ! Oh ! N'y a-t-il pas une gloire qui pourrait décorer ma gibecière ?
Je trouverai Dieu ! Je te trouverai Seigneur enfui, je trouverai ta trace et là dans ce cœur je te ferai descendre.
Je te trouverai dans l'euphorie d'un blasphème, je le peux, je suis célébrée pour ce que je suis, Lavinia !
Et quand bien même il n'y aurait pas Dieu, il y aurait toujours ce regard des enfants pauvres à travers les grilles du jardin des riches.
Je ferai moisson de révolte nouvelle ! Et cette colère, j'en serai la vestale !

Elle sort de la loge et dans la ruelle du théâtre, elle marche de long en large en criant et en frappant les passants.

LE PROFESSEUR. Les monuments, qu'on les détruise et les bibliothèques, qu'on les brûle. Quand je serai sur mon lit de mort je dirai à mon fils cela : moi l'érudit je n'ai qu'une question, as-tu rencontré ?
As-tu rencontré un de ces êtres exacts dont les poèmes parlent pour maintenir la soif de les chercher ?

MUSÉE. Un léopard !

LE PROFESSEUR. Escrocs ! Escrocs, ceux qui n'avouent pas que le poème n'est rien en comparaison du cul de la putain qui l'a inspiré !

MUSÉE. Et le poète ?

LE PROFESSEUR. Un copiste, mon frère, un copiste s'il est honnête !

MUSÉE. Certains êtres ont donc plus de valeur que d'autres ?

LE PROFESSEUR. J'ai le regret de te l'apprendre si tu ne le sais pas encore.

MUSÉE. Comment appelles-tu cette beauté-là ?

LE PROFESSEUR. Je l'appelle la ponctualité.
D'ailleurs pour être ponctuel il faut être un tout petit peu en avance. Lavinia ne dit pas, elle prédit. Lavinia ne vit pas, elle devient.

MUSÉE. Raconte-moi la première fois que tu l'as vue.

LE PROFESSEUR. Elle est apparue. Si l'acteur n'est pas capable d'apparaître, il n'est rien.

Le décor change avec ce récit du Professeur.
Retour en arrière, nous sommes dans un amphithéâtre. Les élèves écrivent, écrivent, on ne voit pas leurs visages.

J'étais dans mon babillage habituel et les élèves de mon séminaire notaient, notaient chacune de mes paroles, preuve exquise qu'ils n'écoutaient rien.
Voilà bien les lustres de cette académie dans leur poussière rassurante.
Trahi comme je l'étais par l'habituelle pratique de mon discours, qu'ai-je dit pour rompre un peu le fil qui ligature l'insolence ?

Quel poème pourra encore réparer notre endettement ?
Car notre endettement est si grand que nous sommes d'éternels étudiants condamnés à l'étude sans fin. Et qui nous délivrera de cet asservissement de notre culture sous le joug d'elle-même ?

Car ce que nous désignons par une procédure toujours plus complexe et parfois splendide, c'est notre domination sur le monde, lequel monde se venge par un silence grandissant que rien ne peut secouer.
Ainsi notre artificiel poème n'en finit pas de gratter la plaie qu'il confirme et de ruiner nos chances de guérir.

Tandis que par le monde les colloques exquis d'outre-civilisation confirment que nous avons été, et que c'est au nom de notre culture que nous avons le droit d'asservir discrètement.

Mais *quoi* nous a arrêtés en chemin ?

Quoi a périmé notre ouvrage si bien que votre génération cherche à genoux au cœur de la ville à voir son visage dans une flaque de sang.

Les mots que je prononce en cet instant et que vous notez benoîtement dans la léthargie de vos tablettes, ces mots de notre culture ne sont que les mots qui ont ordonné les massacres aux mains propres.

Et vous, vous écrivez et moi, je désespère que jamais le livre de notre civilisation soit feuilleté à nouveau par le vent.

Et je pense qu'il vaudrait mieux que je me taise définitivement puisque je ne suis pas capable de danser !

Puisque l'impasse dans laquelle je suis en train de vous égorger, vous l'appelez notre trésor.

Ecoutez !

Ecoutez ma voix désespérée qui crie dans l'amphithéâtre abject de notre patrimoine.

Que faut-il pour que vous leviez la tête et lâchiez ce crayon avec lequel vous croyez écrire l'écoute ?

Vous signez en ce moment le contrat de la barbarie la plus perfection-née, vous acceptez que l'on mette de la musique sur les charniers !

Comprenez-vous que l'objet avec lequel vous griffez votre cahier est un objet rigoureusement industriel et qui ne peut pas transcrire la vérité puisqu'il n'est lui-même qu'une réplique.

Avec combien de choses originelles vivez-vous ?

Pas l'assiette dans laquelle vous mangez, pas le livre que vous lisez, pas votre habit de fête, rien, rien, rien.

Rien n'est à vous, tout appartient au système décapité, à cette hydre occi-dentale qui a effeuillé votre jeunesse !

Mais qui ?

Qui rendra le poème auquel vous ne savez pas avoir droit.

Osez savoir cela, encombrés !

Enfants sans cheveux et sans sourcils !

Enfants emperruqués !

Qui vous fera lever les yeux ?

(*A Musée :*) Mais ils notaient toujours, ils avalaient ma colère comme les pages d'un livre interchangeable.

Et c'est à cet instant que le silence m'a rejoint.

Je faisais le geste de lever un index imprécateur et je sentais que j'allais dire ce mot ! Ce mot ! Ces mots qui sont la cloche de la conscience !

Mais plus rien ne sortait de ma bouche.

Et eux écrivaient ce silence, le buvaient benoîtement, et mon silence même était exempt de silence.
Alors je décidais de leur lire les vers d'un poète dissident, martyr aux premiers jours.
"Révolte-toi jeunesse, révolte-toi…"

Lavinia est entrée dans l'amphithéâtre.

LAVINIA. Ils n'écoutent pas, professeur, leurs oreilles sont bouchées par des signes vides qui ne renvoient qu'à eux-mêmes, ils apprennent le maniérisme et la préciosité car c'est leur dernier moyen de confirmer qu'ils appartiennent au même monde, quand bien même ce serait le monde des bourreaux.

LE PROFESSEUR. Ils lèveront les yeux à ce passage qui leur est directement adressé et que je ne peux pas lire sans pleurer.
Là où le poète dit : "lecteur, mon bourreau".
Là où il est dit que nous avons décimé son peuple et que maintenant c'est nous qui vivons le danger suprême…

LAVINIA. Ils feront du sang de votre poète une nourriture pour leurs animaux culturels.
Ce que vous leur réclamez est un engagement du corps.
Ils ne vendront pas leurs richesses, ils ne couperont pas leurs cheveux, ils ne prendront pas sur eux la violence du sacrifice, à moins que mon cul ne le leur demande.

LE PROFESSEUR. Ils entendront !

(A Musée :) Et pendant que je récitais les mots sublimes du poète, Lavinia montait sur mon bureau et dansait accompagnée par un homme qui frappait les tables. Elle piétinait les pages de mon discours, et les livres sacrés.
D'abord je suis horrifié de cette façon qu'elle a de presser ses mamelles, d'ouvrir son cul, de lécher son pouce et pour couvrir son obscénité je lis beaucoup plus fort les mots du poète martyr aux premiers jours !
Mais Lavinia se met elle aussi à exhorter mon auditoire !

LAVINIA. La croupe, ça oui, le voilà le poème, la croupe, et comment je la remue cette croupe de traîtresse, et mes mamelles de chèvre folle, la croupe et les mamelles quand je les embave, voilà qui parle encore les mots oubliés !
Qu'est-ce que vos discours s'ils ne sont pas plaintes de boucs en rut ?
C'est ma croupe qui enseigne !

LE PROFESSEUR *(à Musée :)*. Et le miracle s'accomplit, mon assemblée lève les yeux de son ouvrage et se met à prêcher. Lavinia est applaudie et le danger innerve à nouveau l'espoir et l'espoir irrigue à nouveau le danger et nous le devons à la croupe de Lavinia !
(A Lavinia :)
Je suis à toi, ma Reine !

LAVINIA *(lisant son discours inaugural)*. J'accepte de faire de vos discours des chansons idiotes pour exciter les petits mâles, je les ferai chanter bien mieux que l'inspiration de vos bardes !
Laissez-moi les mener par où ça dépasse et vous verrez bien si la scansion éternelle du présent est une braise qui peut encore faire mal. Fermez l'université, ouvrez un bordel !

UN HOMME. Un bordel, Lavinia, mais un bordel améthyste !

LE PROFESSEUR. Qu'est-ce que ça veut dire ?

LAVINIA. Vous n'êtes pas habitué à les entendre dire n'importe quoi, professeur, cela ne fait que commencer.

LE PROFESSEUR *(à Musée :)*. Et à cet instant elle leur demande de hululer et ils hululent !

Sous les hululements, retour au temps présent, l'amphithéâtre redevient le bordel.

 scène 14

LE PROFESSEUR. Voici donc le bordel améthyste, lieu de permission sans borne ! Où la vieille chose sacrée vient vibrer dans son emphase !

LAVINIA *(elle chante :)*.
>Larguez les amarres !
>Hissez haut les voiles !
>Hurle la fanfare !
>Brillent les étoiles !

Ai-je bien chanté ma chanson, professeur ?

LE PROFESSEUR. Une apocalypse, ma sirène !

LAVINIA. Toi, le gros, que désires-tu ?

UN HOMME. Voir en toi un peu de la femme que j'ai perdue.

LAVINIA. Cela est très banal, idiot, je suis ce qui a été perdu, rose de sinistre mémoire.

MUSÉE. Je témoigne qu'il y avait une rose.

LAVINIA. Témoigne plutôt que nous la reverrons.

MUSÉE. C'est à toi de le faire.

LAVINIA. Et toi ? As-tu quelque part une belle cicatrice, es-tu capable d'une abomination divertissante, te rentrer un clou dans le bras, manger des rats vivants, boire du sang de chien, forniquer dans les orbites des veaux, rêver de mourir étouffé dans un sac plein d'excréments. Dors-tu avec une charogne d'enfant ?
J'ai connu un homme qui dormait avec une charogne d'enfant et la berçait et l'embrassait, et la nuit qui tardait à descendre faisait languir son effroyable rendez-vous.

UN AUTRE HOMME. Pourquoi raconter mon histoire, Lavinia ?
Je ne sais pas moi-même à quoi je rêvais quand je rêvais dans les bras de ma charogne, étrange poème, étrange poème dont je me suis nourri.

MUSÉE. Etrange, le mot est faible !

LAVINIA. Montre-nous les photographies !

UN AUTRE HOMME. Je me suis coupé un doigt de pied en pensant à toi et pour te témoigner que tu es ce que j'ai vu de beau.

LAVINIA. La coupe n'est pas très droite, mets-toi dans un coin et va égaliser avec cette lime. Ne sommes-nous pas au cabaret des abominations ? Applaudissez, vous autres !

(Elle chante :)
    Là-bas mûrit le fruit fatal
    Qui fera de moi un prophète,
    Un bouffon, un seigneur brutal
    Un chien, un cadavre, un poète.

    Dans les jardins de Pampelune
    Si nombreux sont les citronniers
    Que parfois on prendrait la lune
    Pour un fruit rouge prisonnier.

UN AUTRE HOMME. Qu'est devenu l'homme à qui tu cousais des morceaux de verre dans l'anus ?

LAVINIA. Diplomate je crois. J'ai envie d'un œuf mimosa !

UN AUTRE HOMME. Elle est dans sa période sans lune, mercure et anthracite, elle ne brille plus que noire.

LAVINIA. Que dis-tu ?

UN AUTRE HOMME. Que tu mourras bientôt si un ange ne vient pas peigner tes chagrins.

LAVINIA. C'est vrai.
Viens ici, montre au public ce que je t'ai fait.
Une aiguille aimantée dans la queue, venez voir, ainsi il peut dévier l'aiguille de la boussole avec son sexe, quelle force mon lion !
Y a-t-il un ange parmi vous ?

MUSÉE. Comment font tes mots pour n'être jamais en guerre ?

LAVINIA. Je ne sais jamais ce que je vais dire avant d'ouvrir la bouche.

UN HOMME. Et tel est le secret de Lavinia, elle est le verger du possible.

LAVINIA. Qu'attends-tu de moi, toi là-bas avec ton air grave ?

UN AUTRE HOMME. Que tu enlèves de moi la malédiction.

LAVINIA. Viens ici, mets-toi à genoux !

UN HOMME. Je ferai tout pour toi !

LAVINIA. Tu te tuerais pour moi ?

UN HOMME. Oui.

Elle lui donne un revolver, il se tue.

LAVINIA *(elle chante :).*
        Larguez les amarres !
        Hissez haut les voiles !
        Hurle la fanfare !
        Brillent les étoiles !

MUSÉE. Suivras-tu Orphée, quand il viendra avec sa lyre tutélaire te demander plus que tu ne peux donner ?

LAVINIA. Mais il faudra bien partir d'ici, un jour il faudra bien se donner tout entière et cesser de se vendre par morceaux.
J'oubliais mon divertissement !

Nous allons vendre un jeune homme par morceaux, c'est pour une bonne cause, je ne sais plus, des enfants estropiés je crois, et, messieurs, je compte sur votre générosité dans cette attraction d'un nouveau genre, les enchères du pire.

Le spectacle commence, tréteaux de fortune dans le bordel améthyste.
Lavinia ouvre un rideau, on voit le fils du Professeur attaché et encagoulé.

(Elle chante :)
>   Chante pour moi ta joie livide
>   De tes belles lèvres morbides
>   Et de ta plaie fais-moi bien rire
>   Ouvrons les enchères du pire !

UN AUTRE HOMME. La chanson est très belle.

LAVINIA. Je vais donc demander au professeur d'être le commissaire-priseur de ce théâtral démembrement.

LE PROFESSEUR. Lavinia, laisse-moi en dehors de ce jeu.

LAVINIA. On ne conteste pas mon autorité !

LE PROFESSEUR. Ton autorité ne vient jamais que de l'argent de mes livres !
Quand tu as voulu qu'ici, sur cette scène…

LAVINIA. Ma chère petite scène, lopin pour mes amères récoltes.

LE PROFESSEUR. Laisse-moi parler, je me suis tu quand chacun des participants devait ici même se déguiser en sa propre mère et mimer qu'il suçait un chien.

LAVINIA. C'était une très belle soirée, vous-même professeur…

LE PROFESSEUR. Tais-toi ! Nous avons mangé des fœtus à la cannelle.

LAVINIA. C'était une nuit enivrante, vous-même professeur…

LE PROFESSEUR. Tais-toi ! J'ai accepté qu'une enfant de dix ans soit violée par des boucs enivrés.
Et enfin nous avons tous ensemble signé toutes sortes d'actes de trahison et de soutien aux bourreaux du monde entier, sans parler de délation sans fin.

LAVINIA. L'encens de mes derniers jeux écœure ton fin museau !
Tu aimais pourtant nous obliger à manger des selles de vieillard en récitant la préface de ton histoire de la philosophie.

Et n'étais-tu pas délicieusement ivre quand on t'autorisait à tatouer sur le front d'un jeune homme l'insulte qu'il chérissait parmi d'autres. Et qui était, je vous le rappelle afin que vous gardiez en mémoire les mots qui ont définitivement défiguré votre camarade : "Mort pour la France." La France, il me semble que nous l'avons blasphémée avec un plaisir sans égal, et rien ne lui était doux comme de brûler les icônes républicaines. Moi c'est peut-être là que j'ai failli flancher, professeur, j'aimais beaucoup pisser sur le visage de la Sainte Vierge, mais je n'aimais pas que vous me torchiez avec le drapeau de mon pays.

LE PROFESSEUR. Nationaliste !

LAVINIA. Il est temps de jouer pour nous le commissaire-priseur d'une effroyable vente !
D'ailleurs un de mes gardes du corps pointe sur vous un pistolet impatient.
En place, musique !
A combien mettrons-nous aux enchères son index droit ? Combien ?

LE PROFESSEUR. Trente francs !

LAVINIA. Allons c'est beaucoup trop peu ! Je vous rappelle qu'en Amérique des petites filles américaines voient avec les yeux d'enfants du Sud. On ne prélève bien sûr qu'un œil par personne !
Combien pour ce doigt que nous allons couper ?

LE PROFESSEUR. Mille francs.

LAVINIA. Bravo professeur, vous vous prenez au jeu !

Des hommes lèvent la main.

LE PROFESSEUR. Trois mille, quatre mille, cinq mille francs, une fois…

LAVINIA *(elle coupe le doigt, le suce et le tient en l'air)*. Peux-tu encore me dire d'où vient le vent ?
Il indique la direction d'un zéphyr de l'âme tandis que sur terre le vent est en perpétuelle contradiction avec lui-même.
Le souffle des âges lui, n'est pas l'ami des girouettes !

LE PROFESSEUR. Sept mille francs, adjugé, vendu, pour ce monsieur, félicitations.

LAVINIA *(elle coupe une oreille)*. Et combien pour une oreille, professeur ? L'oreille n'est-elle pas plus noble que le doigt et que la langue ? Le doigt peut encore désigner mais une oreille n'a jamais trahi, n'a jamais renié.

Le chant du coq peut bien chanter trente fois, nul ne trahit avec ses oreilles !

LE PROFESSEUR. Nous la faisons commencer à quatre mille francs.

Des hommes lèvent la main.

LAVINIA *(elle parle à l'oreille coupée)*. M'entends-tu quand je te murmure mon amour, mon amour, mon amour, qu'elle était douce l'herbe où nous avons dormi et rêvé que nous étions des princes…

LE PROFESSEUR. Dix mille francs, une fois, deux fois, trois fois, adjugée, vendue !

LAVINIA. Combien pour cette main gauche qui n'est pas la main armée ? *(Elle la coupe et se caresse avec la main coupée.)*
Oh caresse-moi comme autrefois, c'est presque la même caresse et pour toi plus du tout, pourquoi cela ?
Combien pour cet œil ? Et cette langue ?

LE PROFESSEUR. C'est assez, Lavinia !

LAVINIA. Eh bien viens l'achever pendant que je ramasse la mise.
Et maintenant pour donner un caractère religieux à notre cérémonie, nous allons procéder à une quête.

LE PROFESSEUR. Je ne peux pas le tuer sans voir son visage.

LAVINIA. Faites vite, professeur, c'est ennuyeux et tout le monde est soûl !
Agitez-moi ces drapeaux, et vous, dansez un peu, bénissez cette chambre en vous entretuant !

Le Professeur démasque le jeune homme.

LE PROFESSEUR. Mon fils !

LE FILS DU PROFESSEUR. Je croyais reconnaître ta voix.

LAVINIA. Toujours envie d'être le diacre des forces vives, professeur ? Un peu de défiance du sacré ne vient-il pas de couper votre vin ?

LE PROFESSEUR. Je te tuerai.

LAVINIA. Moi ? Me tuer ? Je ne vous en demande pas tant, battez-moi tout simplement.
Nous sommes revenus aux premières vérifications, mon cher philosophe, vous vouliez œuvrer contre la pensée au nom de la pensée, et

que faites-vous des orages merveilleux qui viennent de vous foudroyer ?
Ah ! Nous nous étions arrêtés en chemin dites-vous ?
Eh bien il est rouvert ce chemin du vacarme que vous appeliez de vos
vœux ?

LE PROFESSEUR. Joue encore, mon enfant, joue encore dans le parc avec
un vieux petit âne, caparaçonné de brocart blanc et de paillettes roses.

LAVINIA. Relève-toi, tu vois bien que ton père pleure !
Et vous, applaudissez, grimaces carnassières !
Vous avez eu ce que vous vouliez, notre donateur à genoux.

Le fils du Professeur rit à gorge déployée et montre ses membres intacts.

Me pardonneras-tu ce dernier jeu, mon presque fantôme ?

LE PROFESSEUR. Oui je te pardonnerai si cela peut être une insulte à
ce fils maudit !

L'audience a perdu tout contrôle d'elle-même. Apocalypse joyeuse.

LAVINIA. Sortez, tous, sortez d'ici ! Partez !
Le rideau est tombé, ils sortent, ils vont vomir sur les trottoirs et Lavinia
reste seule à pleurer ses jours gâchés.
(Tenant la statue d'Orphée dans ses bras.)
Elle pleure et prie avec un cristal détaché de son cœur, elle demande
un intermédiaire qui ressemble à cette statue fière.

─────── scène 15 ───────

Le cabaret est déserté, il ne reste que les fidèles d'Orphée.

ORPHÉE. Vous qui ne tenez pas la lapidation pour le seul langage de
la pierre, je suis à vous et vous êtes à moi.
Nous regarderons d'un même sourire, d'un même sourire, l'effondrement
du ciel qui nous horrifie et l'ancrage puissant de l'aloès qui nous rassure.

LAVINIA. J'ai tant rêvé de toi et je ne le disais pas, qui aurait cru que je
valais l'heure de ta venue ?

ORPHÉE. C'est toi qui es venue.

LAVINIA. Il me semble que je raccommodais ta chemise, quand je chan-
tais pour moi-même.

ORPHÉE. Ainsi en était-il de moi quand j'ouvrais pour vous cet arpent en murmurant pour moi-même.

LE PROFESSEUR. Suivrons-nous ce jeune homme qui ne nous promet rien ?

LAVINIA. S'il promet de ne pas nous abandonner.

ORPHÉE. C'est ma seule force, je ne vous abandonnerai pas.

MUSÉE. Et ma petite girouette ne nous abandonnera pas non plus car peu lui importe que vous deveniez l'huile de la lampe d'Orphée, ce qu'elle veut c'est que ses ailes soient déverrouillées.

LE PROFESSEUR. Quelle sera notre loi ?

VICTOIRE. Nous réunir et chanter.

LAVINIA. Que chanter ?

SÉLÉNÉ. Le bleu du réel.

Derrière eux le décor change, nous sommes dans une rue. Il semble qu'ils ont marché sans avoir bougé.
Victoire et Séléné se tiennent par la main. Leur argent est posé sur une table et les passants n'osent pas encore le prendre.
Lavinia ajoute l'argent de la collecte à celui qui est déjà sur la table.

MUSÉE. Nous sommes sept, et moi huit.
(Au public.) Et vous, quand nous rejoindrez-vous ?
Autre source, cet appel qui dégorge de votre écoute, parfois, quand vous laissez l'histoire aller son cours.
Et quand tendrement vous touchez avec inadvertance feinte le bras de celui ou de celle qui vous coudoie, étranger étrangement là, près de vous, plus près de vous que personne ne le sera jamais. Il est votre allié, sa rencontre est votre gloire, l'étranger qui vous coudoie, vous n'appartiendrez qu'à sa bonne volonté, et lui aussi n'appartient qu'à la fortuité de votre accueil.
La vérité n'est vérité que d'avoir plusieurs sources. La vérité se confirme et n'a donc pas besoin de convaincre.

Ils sont réunis et parlent comme si de toujours...

ORPHÉE. Vous êtes désormais les otages de l'esprit.

BIENVENU. Nous guideras-tu, Orphée, vers ce trésor que l'on ne peut pas nous prendre ?

ORPHÉE. A la mesure de votre demande.

BAPTISTE. C'est déjà une victoire sur nos ennemis. Le bourreau, que pourrait-il demander ?

VICTOIRE. Et notre chemin, de quoi sera-t-il pavé ?

ORPHÉE. D'un espoir effréné. Dans le difficile recueil de vos jours.

SÉLÉNÉ. Cela s'appelle la douceur, cet instant où nous sommes ensemble à payer le silence de son poids en sel.

ORPHÉE. Les étoiles !

MUSÉE. Levons les yeux !

LE PROFESSEUR *(il se couche sur le dos)*. Aussi bien je pourrais dire que c'est la terre qui est sur mon dos et là sous moi le vide infini.

Alors, les compagnons prennent la terre sur leurs dos. Et font face à l'œil béant de la nuit. On dirait qu'ils ont été foudroyés. Gisants sur l'herbe fraîche.

SÉLÉNÉ *(aux étoiles :)*. Vous riez de nos fêtes et vous riez de nos supplices, reines de nos routes.

BAPTISTE. Reflet d'un soleil sur une terre peut-être déjà morte.
N'oublions pas qu'il ne fait jamais nuit et jamais jour.
C'est nous qui tournons le dos.

BIENVENU. L'étoile est une procuration du soleil sur une page défunte.
Nos mots sont à des centaines d'années de ceux qui les ont éprouvés dans leur origine.
Un soleil a concédé que leur trajet soit un astre.

MUSÉE. Les étoiles sont un trou dans le verrou nocturne. Derrière la paroi de cette chambre obscure où nous sommes enfermés il y a un juillet provençal. Si bien que le monde n'est qu'une image permise par l'étoile. Elles sont miettes du repas céleste pour nous, mendiants derrière les grilles du château.

VICTOIRE. Ainsi les rois qui ont marché sous une étoile ont marché sous les deux éléments de sa définition. Une terre inaccessible, une lumière éternelle.

ORPHÉE. Toi, Musée, tu dis que les étoiles sont les aumônes de l'Eblouissant.
Et toi, Bienvenu, tu dis que les étoiles sont les mots que la terre se donne à elle-même pour supporter sa nuit.

Et toi, Baptiste, tu dis que celui qui n'a pas vu les étoiles interroger le couvre-feu d'une ville assiégée ne connaît ni leur cruauté ni leur encouragement.
Et moi je vous dis qu'il n'y a pas d'étoiles.
Là-bas c'est une terre de pierraille stérile, sans eau, sans trésor.
Et si cette terre est depuis longtemps morte, qu'est-ce encore qu'une étoile ?
Cette lumière infiniment présente par moi d'une terre infiniment absente.
Il n'y a d'étoiles que vues d'ici.

MUSÉE. Une histoire qui vous amusera.
Un jour, grand orage dans l'éther, tonnerre sur le monde et l'on voit les étoiles danser sur la toile noire du ciel.
Danser puis s'ordonner et aux yeux ébahis des humains former des mots, former une phrase en lettres infinies.
Cette question : "Qui êtes-vous ?"
Stupéfaction des humains, réunions des hiérarchies, conseil des anciens et décision de répondre au cœur du désert par foule et flambeaux.
La foule s'ordonne, par une nuit transparente, les flambeaux s'allument et l'on peut lire des hauteurs de l'univers ces mots : "Nous sommes les fils de la terre."
Trois jours plus tard c'est de nouveau le vacarme prodigieux et la réponse des étoiles s'ordonne à la force des révolutions les plus impensables.
Et les étoiles écrivent sur leur voûte : "C'est pas à vous qu'on parle !"

ORPHÉE. Sans doute cette réponse les avait fâchées.

BIENVENU. Les étoiles n'adressent pas la parole à ceux qui ne se croient engendrés que par la terre.

Des étoiles s'allument sur les planches du théâtre. Une oliveraie apparaît. Au lointain : les grandes portes de l'Hadès.

ORPHÉE. Nous marchons en parlant et derrière cette oliveraie, voici les portes de l'Hadès.
Déjà viennent les âmes errantes qui nous aideront à répéter notre descente aux Enfers.

BAPTISTE. La girouette est très silencieuse.

MUSÉE. Elle est lasse de ces années où elle chantait seule.

SÉLÉNÉ. Sa paupière est entrouverte, elle savoure nos paroles, c'est justice rendue.

LAVINIA. Nous voici parmi les oliviers, c'est l'heure la plus solitaire.

ORPHÉE. Je te chanterai, olivier, quand l'oliveraie est si dense que les étoiles dans ses branches semblent des olives de verre.
Sois béni, arbre civique.
Immortels étaient les oliviers qui bordaient l'Acropole, toujours renaissants par un interminable bouturage. Et comme cette technique est inchangée depuis des siècles, l'arbre que nous aimons ici est peut-être le contemporain de Virgile.

BAPTISTE. Je te chanterai dans ta colère, arbre civique, quand tes racines sont profanées, quand tes rameaux ne trouvent plus de têtes à couronner, quand le mercure de tes veines est vendu aux enchères.

ORPHÉE. Je vous apprendrai à marcher dans la nuit.

Je sais de bonne source ce que nous trouverons là-bas, dans l'épaisseur chaude et le reflet sans nom du basalte.
Je le sais de bonne source, d'irréparable source.

Calliope était ma mère, première des Muses, muse du poème.
Et sa mère était la Mémoire.
Moi, dont les cheveux roux s'enroulent aux rameaux d'olivier, je suis le petit-fils de la Mémoire.
Du sépulcre de mon aïeule coule un jus noir qui est la force du monde ; irréparable source dont je tiens le secret de l'Hadès et la cartographie des Enfers.

Tout cela est figuré au sol, dans une grande cartographie des Enfers.

Là, il y a deux portes. L'une est sans retour.
Et deux sources, celle de l'oubli et celle de l'éternelle mémoire qui alimente le lac sombre.
Mais tout près de la source de l'oubli est un cyprès blanc et le cyprès noir de nos jardins n'est que son ombre.
Ainsi de toutes choses.
Mais à la source de la mémoire une question vous sera posée, et il ne faudra pas manquer d'y répondre.

VICTOIRE. Quelle question ?

ORPHÉE. Qui es-tu ?

Et vous devrez répondre la parole unique qui a franchi les siècles.
C'est pourquoi vous la répéterez inlassablement, cette parole, en comédiens fidèles.

Et quand vous serez morts, elle sortira inlassablement de vos lèvres mortes, ignorant la mort et pour vous guider à travers les buissons de Perséphone.

VICTOIRE. Quelle est cette parole qui paiera notre passage ?

ORPHÉE. L'un de vous la garde en lui.

(à Bienvenu :) Veux-tu écrire ces huit mots que tu as dérobés à certains pour les offrir à d'autres ?
Et que chacun recopie à son tour ce mot de passe des Enfers.

Bienvenu écrit les mots qu'il a avalés, ils les recopient chacun et les passent de main en main au premier rang de spectateurs qui fait circuler le message.

VICTOIRE. J'ai rêvé que nous étions sur un théâtre, et vous étiez les acteurs d'un drame : *Le Visage d'Orphée*, aventure un peu broussailleuse et pleine de belles paroles, mais déroutante souvent.
Vous êtes en possession des mots qui traversent l'oubli, les mots qui ont inauguré la piété, c'est un miracle que nous les ayons retrouvés, exhumés d'une feuille d'or de Thessalie.
Mais nous aurions pu les réclamer à notre vraie mémoire, eux qui sont la clef de voûte de la mémoire.
Il est bon de ne pas les dire trop haut, un rapace pourrait s'en saisir.
Vous avancez vers le premier rang de ce théâtre, et vous donnez ce petit morceau de papier. A charge pour chacun de le donner à son voisin, de faire passer de main en main cet éclat incomparable.
Nous verrons alors cette parole monter dans les tribunes par la volonté de chacun, et irriguer ce grand chœur, dont la réunion m'émerveille encore.

Ainsi, de l'un à l'autre, tandis que joue une musique qui enflamme les oliviers, le public a connaissance de ces mots simples : FILS DE LA TERRE ET DU CIEL ÉTOILÉ.

Tous se réunissent autour d'Orphée qui va chanter.

ORPHÉE. Je ne chanterai pas pour vous mais avec vous, car la vérité a plusieurs bouches, et ma lyre n'est peut-être qu'une grande oreille.

L'or dont je peindrai vos cils est une vérité infiniment lourde à porter.

Vous n'êtes pas les enfants de la boue, de la chair, du sang, de l'histoire, des pendules.

Vous n'appartenez qu'à vous-mêmes.

Aucune appartenance, aucune caste, aucune famille n'a le droit de vous nommer et de blasphémer cet unicat infranchissable qui est le sourire de l'esprit.

Vous êtes pierre incomparable tombée seule d'une terre inconnue et vous n'êtes que cette terre inconnue qui, ici, témoigne d'elle-même.

Perdez toute identité !

Ce que vous porterez ici, entre nous, ce que nous porterons, et qui nous réunit, c'est que rien, rien ne nous réunit.

Et que vous vivez déjà ravis et foudroyés dans l'ineffable allégeance de votre ipséité.

Sachez cela, quand on vous appellera "les orphiques". Ils auront besoin de dire "les orphiques", vous sourirez, vous n'êtes pas les mots d'un discours, vous êtes le rythme de la parole.

La pervenche n'a que faire du bleu de sa race.

Rendez grâce à la mort car c'est elle qui ose illuminer la nuit avec nos fragments, elle ne reprendra pas plus qu'elle n'a donné.

Et Caïn, le sédentaire, n'aurait pas tué Abel s'il avait senti qu'ils étaient incomparables.

Chacun dans son nom singulier et sa langue singulière pour une mort insulaire.

Ainsi quand nous aurons accepté d'être entièrement cet étranger qu'enfant nous osions aimer, ce prisonnier que nous allions nourrir à travers les grilles en bravant l'interdiction familiale, nous ne convoiterons rien de l'autre, ayant tout de nous-mêmes.

Et nous vivrons dans une joie enfantine qui se berce à dire, je suis moi, la ballerine claquemurée.

Il n'y aura aucune frontière possible, puisque tous, nous serons les étrangers d'un astre mourant.

Nous serons tous, non pas un humain différent chacun pour soi, mais une race entière à soi seul, une loi à soi seul, et une beauté à soi seul.

Et le peintre qui fera notre portrait pourra crier, le pinceau suspendu, avec émerveillement : "Vous êtes incroyablement beau comme tout le monde !"

Serties de tempête et d'iode, nous les îles…

Notre péché : l'oubli de cela. Et chacun ne peut que se le rappeler à lui seul pour connaître cette altérité qui l'appelle, murmure dans sa nuque.

Vous serez le moucheron qui se tient immobile en vol.

Consolé par la vie d'un galet, par la rage conquérante d'une jonquille, par le frisson du rideau, par une poignée de terre habitée, par une après-midi sans événement, consolé !

Une poignée de porte polie par des milliers de mains d'inconnus est la réponse.

Ainsi les noms communs sont le scandale du monde.

Vous direz "Olivier" à l'olivier, et surpris il cabrera la face argent de ses feuilles et blanchira de reconnaissance.

Dans votre solitude matinale, vous rendrez son prénom à l'arbre, et lui dira le vôtre dans le frisson de ses feuilles, car les arbres et les pierres et l'écureuil au soleil attendent de vous d'être regardés en propre.

Ainsi nous aurons sauvé le monde, entendez-vous ? Nous aurons sauvé le monde.

Cueillir, c'est être.

Ainsi le père fera abdiquer le père en lui, et le fils fera abdiquer le fils en lui. Alors, ils se regarderont.

C'est pourquoi j'ai dit que vous ne viviez que de cet étranger assis à côté de vous et qu'à lui seul vous pourrez confesser que vous êtes étranger.

Cet étranger en vous, lui seul voit le monde.

Mes incomparables ! Mes incomparables, voilà ce que chante cette larme de joie que vous voyez à ma paupière !

La vie ne bégaie pas et chacun de vous est un secret majeur qu'il enceint dans la plénitude de son fruit.

Ce que je vous dis là vous libère et libère le monde de toutes querelles, là où nous ne sommes que cette altérité de nous-mêmes, il est une paix qui n'est pas trêve entre deux guerres.

La guerre n'est entre deux êtres que parce qu'ils ne sont pas confiants de leur absolue différence. Entre les peuples, elle n'est que pour nourrir l'illusion qu'il y a des peuples.

Cette paix je vous la donne et je l'appelle le vrai baptême, celui qui vous libère de toute dette imaginaire et fait de vous une imputrescible différence.

Orphée fait de vous le prince de vous-même. Dans un royaume sans frontières. Couronnes, venez sur nos têtes vagabondes.

O joie, pollen de l'être.

L'heure vient.

N'allez pas à Dieu, soyez Dieu.

Voilà ce qui est nouveau entre nous, nouveau devant nous et pour chacun, nouveau.

Voilà la chair nouvelle sous le verseau.

Têtes affranchies, cette vérité est l'encens de notre génération.

L'étranger de l'accoudoir est l'écluse de votre parole, lui vous rend insolemment l'étrangeté délicieuse de laquelle vous acquiescerez.

Dieu n'est que l'accueil de dieu.

Et moi, je vous apprendrai à marcher dans la nuit.

Musique !

Musée libère la girouette qui s'envole vers le public.

Un jeune homme nu et masqué vient danser furieusement. C'est Pan réjoui.

Un cercle de feu entoure les acteurs.

DEUXIÈME ÉPOQUE
Ils ont marché jusqu'aux enfers

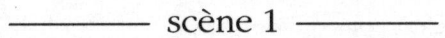 scène 1

Une ville détruite, champ de ruines, la boue émerge des planches mortes du plateau.
Dans le lointain un homme sonde le sol, le dénicheur de cadavres.
Au-devant de la scène un enfant dort sous le regard inquiet de son père, Pluton le gouverneur.

VICTOIRE *(au public)*. La porte de l'enfer est ornée de deux têtes coupées qui s'embrassent éperdument.
Voilà jusqu'où nous avons marché.
Orphée n'avait-il pas dit : "Je vous apprendrai à marcher dans la nuit" ?
Nous ne nous sommes pas séparés et d'autres sont venus nous rejoindre.
Nous sommes un chœur obstiné de pèlerins chantant.
Et qu'aurions-nous d'autre pour parler, quoi d'autre ?
Quoi d'autre que la parole ?
A force de jouer nos vies les uns pour les autres, nous sommes devenus des comédiens célèbres que les rois s'arrachent.
Souvent le risque était terrible de vendre notre marche irraisonnée à quelques grandes causes.
Souvent le risque a été terrible de coudre un drapeau avec les chiffons de nos projets.
Alors Orphée chantait.

Voilà Pluton le gouverneur de la ville qui fait son discours de bienvenue à Orphée, mais Orphée s'endort. Orphée dort très facilement.

PLUTON. Votre renom vous a précédés, hauts voyageurs dont on honore la persévérance.
Hauts voyageurs et grands prophètes de ce mot même : persévérance !
La troupe grandissante de vos fidèles fait escorte à votre énigme.
Quoi vous appelle ainsi à travers les paysages détruits ?
Votre force est de ne rien devoir, rien promettre, rien infliger mais marcher sans but et rencontrer le tout-venant.
Cette formule même : "le tout-venant" laisse entendre que les branches des saules vous applaudissent en bordure du chemin.

Souvent les cantonniers qui vous écoutaient ont tenu à leur tour à vous dire leur histoire, et vous êtes devenus le public de votre public. Tout vient à Orphée car sa prophétie n'est que d'avoir une oreille.
Bienvenue dans cette ville qui n'est plus en guerre mais qui ne trouvera jamais la paix.
Bienvenue là où nul n'est le bienvenu. Vous dormez ?

ORPHÉE. Non, c'est vous qui dormez.
Et dans un rêve si douloureux que je dors pour vous porter secours.

VICTOIRE. Le dieu Pluton ne nous aurait pas mieux accueillis.

MUSÉE. Orphée est silencieux depuis plusieurs jours que nous marchons et nous devons soutenir souvent de marcher sans son bâton.

BAPTISTE. Il faut qu'Orphée chante par d'autres bouches que la sienne pour survivre à Orphée.

LE PROFESSEUR. On dit que tu t'inquiètes de l'éducation de ton fils et que tu rêves d'un théâtre qui l'aide à porter la mémoire de ses pères avec la joie de sa génération.

LAVINIA. On t'a dit que les compagnons d'Orphée jouaient de petits drames en chemin et qu'ils étaient connus pour ces tréteaux de bonne mémoire.

SÉLÉNÉ. Tu t'es laissé dire qu'Orphée était cette mémoire qui refuse d'abdiquer.

VICTOIRE. Les formes d'oubli sont nombreuses mais il n'y a qu'une mémoire.

PLUTON. C'est un peu de cette mémoire que je voudrais vous voir donner à mon fils. Si vous voulez bien jouer pour lui une de vos fables.

BIENVENU. Peut-être apprendrons-nous de ton fils autant que tu voudrais nous voir lui apprendre.

ORPHÉE. Car nous ne savons rien encore. Rien encore est ce qui enlumine les heures de notre péril.

VICTOIRE. Merci de nous accueillir en ce jour où les derniers morts du siège seront déterrés pour un cimetière nouveau.

Une jeune femme, Esther, s'est approchée du groupe.

ESTHER. Voulez-vous de moi parmi vous ?

SÉLÉNÉ. Qui veut nous suit, et devient une syllabe de notre parole.

ESTHER. Priez-vous ?

LAVINIA. Chacun pour soi peut-être, certains ne prient pas, ou bien c'est que tout est prière, et nous prions sans cesse.

ESTHER. Quelqu'un écrit-il votre histoire ?

VICTOIRE. Oui, Bienvenu tous les jours écrit quelques feuillets et les déchire en riant.

ESTHER. Je cherche une âme pure qui pourrait danser avec mon frère.

SÉLÉNÉ. Pourquoi ton frère n'est-il pas avec toi ?

ESTHER. On exhumera bientôt son cadavre, et je cherche une jeune femme qui veuille bien danser avec lui, c'est le cercueil qu'il aurait voulu. Comme d'autres enterrés sans cérémonie nous n'avons pas eu le temps d'honorer sa mémoire.

LAVINIA. Je danserai avec ton frère, mais comment le reconnaîtras-tu parmi les cadavres ?

ESTHER. Comme au théâtre, avec un bracelet que je lui ai offert pour ses vingt ans, un tendre bracelet de corail rose.
Qu'avez-vous découvert dans vos longs jours de marche ?

VICTOIRE. Ce que nous appelons le bleu du réel.
Puis nous avons voulu le perdre encore.

ESTHER. Je crois savoir de quoi tu parles.

SÉLÉNÉ. Toi qui nous rejoins, tu nous fais vivre.

ESTHER. Orphée, comment fait-il, pour ne pas être anéanti par les misé-reux autour de lui, comment sa lyre n'est-elle pas écœurée et muette ?
Tous ces êtres en attente que l'histoire, qui n'a même plus de hache, les achève.

SÉLÉNÉ. Orphée n'a rien promis.
Il n'a promis que le possible encore d'une promesse.

ESTHER. Je suis avec vous, désormais.

LAVINIA. Je danserai pour toi, Esther !

ESTHER. Oui, je pourrais m'appeler Esther.

SÉLÉNÉ. Et Esther était avec nous.

scène 3

Les compagnons d'Orphée regardent l'homme qui sonde le sol.

BAPTISTE. Que fait cet homme, est-il sourcier ?

BIENVENU. De quoi est-il armé, d'une canne ?

MUSÉE. Un sceptre ? Un bâton de pèlerin ?

LE PROFESSEUR. Le thyrse peut-être, cette perche des suiveurs de Bacchus.

BAPTISTE. Mais ce serait un thyrse sans lierre et ce ne serait plus le thyrse.

LE PROFESSEUR. Car le thyrse n'est que de refleurir sans terre, par la force de la danse et du rythme.

MUSÉE. Cette tige n'a pas l'air d'aimer le vin.

BIENVENU. C'est le bâton de Compostelle qui martèle la verticalité de la marche.

LE PROFESSEUR. Il ne marche pas, il tourne en rond.

BAPTISTE. On dirait qu'il aiguillonne la terre.

LE PROFESSEUR. C'est trop court pour être une canne. Une arme peut-être, une épée sans pommeau, une sorte de pique-feu.

BIENVENU. Il l'enfonce dans le sol, et en renifle l'extrémité.

MUSÉE. A-t-il besoin de tourmenter ainsi la terre ?

PLUTON. C'est un dénicheur de cadavres.
Ils ont été enterrés au hasard, dans les rues, les jardins.
La guerre a bâclé leurs funérailles.
Et l'ordre du jour est de les conduire dans une demeure faite pour eux, le marbre est propre, les bas-reliefs que personne ne lira jamais ont été copiés sur d'antiques stèles de Thessalie.

VICTOIRE. Et l'on enterrera avec eux ces feuilles d'or dont Bienvenu a donné le modèle aux fossoyeurs et sur lesquels vivent les mots que nous aimons.

PLUTON. Mais pour l'instant les sépulcres sont ouverts et les morts se font attendre.
Ceux qui les ont enterrés les ont rejoints en emportant la carte des Enfers.

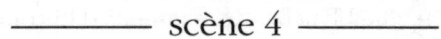

scène 4

On exhume, un à un, une centaine de cadavres.

LE PROFESSEUR. Ils les ont retrouvés !

VICTOIRE. Qui ?

LE PROFESSEUR. Les morts d'avril.

Esther et Lavinia scrutent les visages des exhumés.

LAVINIA. Esther cherche le visage de son frère.
Elle dit qu'elle voudrait l'emmener sur une île de la Méditerranée. Fleurir sa tombe fraîche avec du genêt et des oursins mauves.

SÉLÉNÉ. La Méditerranée existe encore ?

LE PROFESSEUR. Dans les livres, je crois.

LAVINIA *(rassemblant ses compagnons autour des cadavres de plus en plus nombreux).* Venez contempler le visage noirci des morts d'avril. Venez, jeunes gens, venez interroger leurs visages noircis. Un jour vous leur ressemblerez.

BIENVENU. Ils ont été enterrés au cœur de la ville.
A l'endroit des jardins, ou bien on a émondé une rue pour ce trou, et un plant de tomates.
Mais aujourd'hui il faut les tourmenter encore.
Regards mercuréens, bouche d'anthracite tirée de la quiétude de la terre.
Chair bleue piquée de vers innocents à même la boue citadine.

VICTOIRE. Ils n'ont pas leurs costumes du dimanche.

Pluton est resté en avant-scène ainsi qu'Orphée et l'enfant.
Le dénicheur de cadavres quitte les fouilles et s'approche de Pluton.

LE DÉNICHEUR DE CADAVRES. Salut à toi, Pluton !
Comment va ton fils, toujours rageusement fermé à l'étude de nos tragédies ?
L'instituteur dit que ses camarades jouent à remplir son casier d'oiseaux morts et de têtes de lièvres coupées.
Rend-il toujours feuille blanche aux examens d'histoire ?

PLUTON. Mon fils ne dénie pas ce qui a été.

LE DÉNICHEUR DE CADAVRES. Mais il refuse de savoir pourquoi son frère aîné n'a qu'un bras.
Et pourquoi sa sœur n'a plus de visage et crie sans fin.
Hier, ton fils a dit qu'il ne voulait plus étudier le passé de notre ville dans les livres de classe et qu'il préférait jouer avec les renards dans les bois qui ont reverdi.

PLUTON. Il n'est encore qu'un enfant.

LE DÉNICHEUR DE CADAVRES. N'est-ce pas toi qui le pousses à ignorer notre tragédie ?

PLUTON. Je n'ai pas à répondre à cela.

LE DÉNICHEUR DE CADAVRES. Tu es notre gouverneur, tu as à répondre de cela.

Il sort.

PLUTON *(à Orphée :)*. Mon fils ruine mon nom.
J'ai espoir que votre théâtre le ranime. Mais sachez qu'il assistera à votre drame en pensant vivre son dernier jour.
Quand il se réveillera, je lui dirai que dans son sommeil les bourreaux sont revenus, il ne lui restera plus qu'à lire son testament dans les plis de vos costumes.
Je rêve un public de condamnés à mort, ainsi le bois des planches aurait le parfum même de l'être.

Musée est penché sur un des corps exhumés. Esther cherche à reconnaître son frère.

MUSÉE. Il pleure !

BAPTISTE. Il y a dans ton regard encore un peu de regard.
L'homme qui ne fait jamais rien exactement, ni vivre, ni mourir, ni sourire, du moins pourrit-il en charogne inspirée.
Car qu'est-ce que l'inspiration sinon une halte pacifiée, une harmonie qui boit la terre, l'œuvre de ne rien retenir.

MUSÉE. Regrettez-vous la terre ?
Regrettez-vous vos lèvres ?
Regrettez-vous vos larmes ?
Regrettez-vous ces rêves bleus qui grevaient le matin, ces rêves noirs qui pétrifiaient le bois du lit.
Cette viande sale se souvient-elle du jeu de sa paupière ?
Ces mains cuites ont-elles souci de ce froid que je connais encore ?
Il pleure !

SÉLÉNÉ. Pleurez, cadavres piqués d'étoiles.
Dans la boue canine se sont formés quelques cristaux.
C'est le retour du vent qui perle miraculeusement ton œil brisé.

LE PROFESSEUR. L'envers du visage, une ordure agile.
Le destin du visage, une argile dénaturée.

VICTOIRE. Les villes sont devenues villes en exilant leurs cimetières.
Les rues oublient la terre ; l'homme, sans savoir comment, en garde l'effroi.
Le citadin est la marionnette du réel.

BIENVENU. Un jour il faudra qu'il s'agenouille et gratte le sol, mais aucun jardin ne peut lui rendre les enseignements de la mort celés par les boulevards de son quartier.

VICTOIRE. La folie de la vitesse est folie de la surface.
La terre est exilée, et l'on habite le plus haut possible.
Au point de se défenestrer pour mourir du ciel.

LE PROFESSEUR. Crainte de la terre.
Nous feras-tu marcher avec des chaises sous les pieds ?

VICTOIRE. Il y a tant de terre dans mes veines que l'on pourrait labourer mes malheurs.

ESTHER *(penchée sur un corps).* Voilà ce qu'il reste de toi, mon frère, le bracelet en corail rose dans la boue de ta charogne.

MUSÉE. Quand il nous a mordus, le temps a-t-il eu un goût de menthe dans la bouche ?
Quand il a déchiré nos poèmes sans les lire, quand il a arraché la langue du jeune bateleur et l'a jetée aux porcs, quand il a piétiné l'ombrelle du messager, quand il a défiguré mes premières sources, quand il m'a infligé l'amère beauté du plagiste... A-t-il connu un peu de joie ?
Qui me vengera ? Pourrai-je me venger ?
Mais non, l'ombre qui nous exile on ne la rencontre jamais !

ESTHER. Lavinia va danser la plus incroyable danse qui soit !
Elle se fait belle. Regardez avec quel amour elle se prépare.

L'orchestre joue, Lavinia prend le cadavre dans ses bras et danse.

LAVINIA. Et Lavinia danse avec le mort d'avril dans une tendresse lascive qu'elle n'imaginait pas.
Il n'y a pas d'horreur à cela.

——————— scène 7 ———————

Tandis que Lavinia danse...

PLUTON. La pierre tombale de notre histoire vient de rouler.
Si c'est vous l'irrésistible poète qui fait chanter les pierres, chanteriez-vous pour ce cœur écœuré ?
Voyez notre ville, la guerre est finie depuis dix ans et nous ne sommes toujours pas en paix.
Ce n'est pas que les assassins soient toujours en veille à nos collines.
C'est que cette paix nous est plus odieuse que la guerre.
Aucune guerre de ce siècle n'a véritablement fini, aucune n'a véritablement cicatrisé.
Et le faut-il ?

ORPHÉE. Orphée va chanter.

PLUTON. Et de quoi parle ce nouveau poème, Orphée ?

ORPHÉE. Je vous dirai que nous rapiéçons le monde avec l'aiguille de notre douleur.

PLUTON. Nous écoutons.

Orphée prend la main de Pluton et chante. De son côté Lavinia danse amoureusement.

ORPHÉE. L'oreille est une barque.
Ma main avec la tienne, une rive.

Quoi entre ces feuilles qui chantent et l'eau qui chante, sinon l'oreille d'Orphée qui les conjugue ?

Orphée est le présent des rochers, le présent de ce poisson transparent, le présent de l'or, des galets et des algues.

Ces rochers séparés, cette eau séparée, or, galets, algues séparés, infiniment séparés, le ciel, mon corps également.
C'est Orphée qui vous rassemble.

La joie du temps, c'est cette pléiade que nous faisons d'objets séparés.

Pléiade de nos sens réunis. Mordre, flairer, arpenter, caresser, fermer les yeux, s'endormir, dormir, être au monde.

Cela est-il vrai ? Nous avons ce travail.
Etre le présent de la terre.

Et ce serait cela le poème ?

Une halte de gibier poursuivi.

PLUTON. Pardonnez-moi de pleurer, il m'a semblé un instant que le monde se déchirait et me laissait voir la vérité. Ce que vous appelez, je crois, le bleu du réel.
J'aime ce son de ta voix, grave et doux. Je l'aime plus que ma vie car il est ma vie.

MUSÉE. Moins je comprends ces poèmes et plus je crois en eux.
Si Orphée prend soin de parler d'un goujon transparent qui aurait besoin de nous, c'est qu'il le faut.
Une héroïque bestiole de plus au bestiaire d'Orphée.

LAVINIA *(qui n'avait pas cessé de danser)*. J'ai dansé aussi bien que j'ai pu.

PLUTON. Aucun faux pas ne vous aurait été permis.

MUSÉE. J'entendais le frou-frou de ta robe rose câliner sa putréfaction, j'en suis tout bouleversé.
Je vais aller sourire à la paroi, c'est tout ce qui me reste, me planter devant le mur et sourire sans arrêt.

PLUTON *(désignant son fils)*. Il dort depuis trois jours.
Et puis ses beaux cils s'éventeront. "Je dormais ?" dira-t-il de sa voix d'orange verte.
Oui mon enfant tu dormais et, pendant que tu dormais, cette guerre dont tu ne voulais pas entendre parler est revenue sur nos terres, et les soldats vaincus sont sortis de leurs tombes par la force de leur colère.

ORPHÉE *(jouant le fils de Pluton)*. O mon père, je suis bien jeune pour mourir !

PLUTON. Sitôt né on est déjà assez vieux pour mourir.

ORPHÉE. Si je dois mourir à l'aube, puis-je aller chercher mes renards et danser avec eux dans la rousseur du soir ?

PLUTON. Crois-tu que mon fils dirait cela ?

ORPHÉE. Il faut l'envisager.

PLUTON. Ne penses-tu pas, Orphée, qu'il se retournera vers toi pour que tu lui dises le sens de cette vie ?

ORPHÉE. Je pense qu'il préférera la vie au sens de la vie.

PLUTON. Il fuit le monde.

BIENVENU. Il ouvre le monde.

PLUTON. Savez-vous le nom de mon fils ?

BIENVENU. Partout on l'appelle le Renard.

PLUTON. Il s'est donné lui-même le nom de Renard.

BIENVENU. Vous souffrez ?
La ronce pique sa cime dans le sol, s'enterre et réapparaît un peu plus loin. Si bien qu'un buisson de ronces n'est fait que d'un seul fil en boucle qui s'enterre et se découvre, apparaît, disparaît, coud la terre.
Orphée le chantait, notre douleur rapièce le monde.

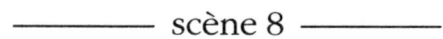

——————— scène 8 ———————

PLUTON *(prenant Orphée et ses compagnons à part)*. Il se réveille, ne me trahissez pas, je veux qu'il vive avec vous cette journée comme la dernière de sa vie.
Pour lui, vous serez bientôt les étrangers qui sont venus mourir à ses côtés.

MUSÉE. Mais je ne veux pas mourir aux côtés de votre bâtard, moi.

BIENVENU. Musée, ce n'est pas cela.

MUSÉE. Je refuse depuis des siècles de mourir !
Depuis ma naissance je refuse obstinément de mourir !

PLUTON. Les bourreaux, Musée, sont à nos portes, ils entreront avec l'aube.

MUSÉE. Vous mourrez peut-être, mais moi je ne mourrai pas.
D'ailleurs la mort est impensable.
Puisque le vivant est ce qui est vivant, comment voulez-vous qu'une chose vivante soit morte ?
Vous avez failli me faire peur.

BAPTISTE. Et ces cadavres autour de toi ?

MUSÉE. Pour les cadavres le raisonnement est différent, s'ils sont morts, personne ne peut les tuer, un mort ne peut donc pas mourir.
Comprenez-vous ?
Vous autres humains, on dirait que vous voulez à tout prix perdre un temps précieux avec des préoccupations inutiles : le désir, la mort...

ORPHÉE. Là-dessus je lui donne raison.

PLUTON. A moi le mot rideau.

MUSÉE. Mourir, le mot est inconcevable.
Ce qui est mort est mort, résolument incapable d'incarner un verbe fût-ce le verbe mourir qui n'est donc pas un verbe.
On pourrait dire : être mort, mais être est bien le contraire et nous nous mordons la queue dans la même absurdité.
Donc je propose que l'on ne souffle mot de ce mot et qu'on le raye définitivement des dictionnaires.
A moins que vous l'entendiez : aller vers la mort, mourir, avancer à grands pas vers sa fin, mais si vous le prenez sur ce ton, autant dire tout simplement vivre.
Dans un cas comme dans l'autre ce verbe est illégal et je ne parle pas de ses conjugaisons.

PLUTON. Vous me laisserez lui avouer la vérité de ce mensonge qui est la vérité.
A moi le mot rideau !

(A l'enfant, réveillé :) Mon enfant tu dormais et, pendant que tu dormais, la plaie s'est rouverte à notre côté. Cette guerre dont tu ne voulais pas entendre parler est revenue sur nos terres.

Mon enfant, les martyrs d'autrefois se sont réveillés de leurs tombes.
C'est pour accueillir leurs éternels bourreaux que les morts se sont
réveillés.

Le passé vient de se refermer sur nous, et toi tu es le signet étouffé dans
le bréviaire paternel.

L'horreur a aiguisé ses dents dans l'ombre de la paix.
Demain ils entreront dans ce sanctuaire et ils couperont nos oreilles et
nos nez avec un fil de fer en boucle.
Ils pêcheront la carpe de notre rivière avec nos langues pour amorces.

O la belle journée pour mourir, mon enfant !
(L'enfant s'agenouille.)

Quand tu es à genoux, il semble plutôt que c'est la terre qui est venue
à toi.
Mon fils, je...

Pluton tombe.

ESTHER. Il est mort.

MUSÉE. Je crois qu'il ne dira jamais le mot rideau.

VICTOIRE. Il est mort.

LE PROFESSEUR *(à l'enfant)*. Ton père est mort et la guerre n'aura pas
de fin.
Nous vivons notre dernière journée avant que les assassins entrent et
nous égorgent.
Nous exaucerons ton vœu le plus cher, et si tu le désires, Orphée chantera tes représailles.

*Pendant ce temps, dans leur dos, Pluton se relève, fait chut et sort.
L'enfant désigne Orphée, Orphée s'approche, il lui parle à l'oreille.*

L'ENFANT *(par la bouche d'Orphée)*. Je n'aurais pas dû dormir.

VICTOIRE. Ce soir nous ferons sonner la cloche de la défaite.

L'ENFANT *(par la bouche d'Orphée)*. Il n'y a pas de défaite possible pour
moi.

VICTOIRE. Veux-tu voir la dépouille de ton père ?

L'ENFANT *(par la bouche d'Orphée)*. Je connais déjà ce cadavre, je n'ai
pas de temps à perdre.

VICTOIRE. Que désires-tu ?

L'ENFANT *(par la bouche d'Orphée)*. Nous sommes dans la demeure de mon père, je suis heureux.

VICTOIRE. Que devons-nous faire en attendant notre martyre ?

L'ENFANT *(par la bouche d'Orphée)*. Une grande fête !
Le dieu est mort et nous devons fêter cela.

LE PROFESSEUR. Pourquoi as-tu toujours refusé de savoir l'histoire de ton pays et de sa douleur ?

L'ENFANT *(par la bouche d'Orphée)*. Parce que je sais cela.
Et quand on cherche à me l'apprendre, je ne le sais plus.

BAPTISTE. Comment peux-tu être si léger dans la nuit de la nuit ?

L'ENFANT *(par la bouche d'Orphée)*. L'aube sera d'un poids égal à sa nuit.

LAVINIA. *Quoi* te le prouve ?

L'ENFANT *(par la bouche d'Orphée)*. La plaie d'Orphée n'est pas de ce monde.
La rougeur du matin n'est pas de ce monde.

SÉLÉNÉ. Lequel de vous deux chante cela ?

ORPHÉE. Aucun de nous deux ne chante cela, chanter est une troisième présence.

BAPTISTE. Acceptes-tu d'être le roi de cette ville ?

L'ENFANT *(par la bouche d'Orphée)*. Vous allez mourir et il vous faut encore un roi ?

LAVINIA. Cette fête pour attendre le matin, toi seul peux l'ordonner.

L'ENFANT *(par la bouche d'Orphée)*. Je veux vivre la vie que je chante dans ma chanson.

SÉLÉNÉ. Lequel de vous deux dit cela ?

ORPHÉE. L'enfant Renard dit cela.

LAVINIA. Préparons cette fête ensemble. L'orchestre, le repas, les costumes, les lampions.
Et que faire des morts ?

L'ENFANT *(par la bouche d'Orphée)*. Laissez-les parmi nous.

MUSÉE. Et que faire des cochons ?

L'ENFANT *(par la bouche d'Orphée)*. Laissez-les parmi nous et inscrivez sur eux le nom du tyran.

MUSÉE. Et si les cochons mangent les cadavres ?

L'ENFANT *(par la bouche d'Orphée)*. Alors, riez !

VICTOIRE. Venez, allons chercher de quoi fêter notre petit Renard, les lampions, la musique, les nappes.
Fêtons cet enfant, fêtons l'enfant des ténèbres, fêtons notre petit héros !

MUSÉE. Et la cloche ?

BIENVENU. Demain elle chantera, elle acclamera, elle exaucera la renaissance de cette ville par l'entêtement de son fils chéri.

scène 9

BIENVENU. Enfant, ton père nous a fait promettre de jouer pour toi notre histoire, peut-être y trouveras-tu réponse à la tienne.
(Des tréteaux s'improvisent…)
J'avais vingt ans et j'aimais une petite fille, d'un amour inconcevable. Ma petite voisine, c'est ainsi que je l'appelais et elle disait monsieur mon voisin.

ESTHER. Bonjour monsieur mon voisin, vous êtes très beau aujourd'hui.

BIENVENU. Ma petite voisine, je suis en train de travailler, ne venez pas troubler mes études.

ESTHER. Je vaux mieux que vos études !

BIENVENU. Silence, sirène ! Vous n'avez que sept ans et vous avez vendu vos dents de devant à la souris. Cela donne, il est vrai, un charme irrésistible à votre sourire.

ESTHER. Rien ne vous amuse autant que moi. Et quand vous êtes avec les autres vous avez un visage que je n'aime pas.
Avec l'argent de la souris, je vous ai acheté un chapeau en papier.
Ce n'est pas du tout ce que je voulais pour vous mais la souris n'a pas été généreuse et je ne peux quand même pas perdre toutes mes dents pour vos beaux yeux.

BIENVENU. Je ne vivais plus que de cette espièglerie grave et je me retrouvais coiffé d'un béret de marin à pompon rose.

ESTHER. Dites-moi, mon voisin très savant, ce caillou sait-il qu'il est là ?

BIENVENU. Je ne sais pas.

ESTHER. Dites-moi, vous qui avez lu tous les livres, quand on pose une question, quoi nous permet de questionner.

BIENVENU. Je ne sais pas.

ESTHER. Si l'on appelait la violette d'un autre nom, changerait-elle de couleur ?

BIENVENU. Qui pourrait me rendre cela ?
Un jour elle a décidé que nous allions nous marier et j'ai accepté.
Je lui ai demandé si notre différence d'âge ne l'inquiétait pas.

ESTHER. Si, quand vous serez mort j'aurai encore quinze ans à vivre.

BIENVENU. Nous avons donc organisé une cérémonie de mariage sous les acacias qui étaient communs à mon jardin et à celui de ses parents.
Sa mère avait cousu une robe blanche en rideau de cuisine et son père déguisé en curé nous avait bénis en lançant sur notre tête des fleurs de camomille.
Qu'est-ce qu'un simulacre ?
Lorsqu'il fallut lui expliquer que cela n'avait été qu'un jeu, il fallut aussi devenir les traîtres de nous-mêmes.
Sur le visage du père j'ai vu un métal gris. Ses sourcils se sont cabrés.
Il s'était infligé à lui-même le plus effroyable déshonneur.
On ne peut pas simuler un simulacre.
C'est pour cela qu'Orphée n'a qu'un pas à faire. Il ne fait que cela, il accepte de mimer la pluie sur l'alpage.
L'apparoir de Dieu, nous le jouons.

Applaudissements.

LE PROFESSEUR. Qu'est devenue l'enfant ?

BIENVENU. Elle s'est tuée.

LE PROFESSEUR. Et toi qu'es-tu devenu ?

BIENVENU. L'homme qui craint le théâtre.

LE PROFESSEUR. L'homme qui craint le théâtre rend hommage au théâtre.
Allons les aider à préparer cette fête.

Tous sortent sauf Musée et l'enfant.

L'enfant fait signe à Musée de s'approcher et lui parle à l'oreille.

MUSÉE. Quelle drôle d'idée, et pourquoi faire cela ?
Ah ! tu sais que ton père n'est pas mort et tu veux renvoyer dans son visage cette branche avec laquelle il veut te corriger.
Pourquoi moi ?
Je ne sais pas si je le pourrai.
Voilà un idiot, essayons ! Toi, cache-toi.

Ah ! Malédiction. Ah ! Maudite prophétie !

UN IDIOT. Pourquoi pleurez-vous ?
L'enfant n'a-t-il pas bien répondu ?

MUSÉE. L'enfant a bien répondu, mais hélas, je n'aurai jamais le courage de faire cette grande fête en pensant que demain il ne restera plus rien de ce pauvre Musée.
Je suis en train de noter sur un morceau de papier toutes les chansons idiotes que je connais comme ce mathématicien qui n'avait qu'une nuit pour rédiger sa théorie et qui est mort à l'aube dans un duel.
Il est vrai que mes chansons n'ont pas la splendeur de son algèbre des possibles.

UN IDIOT. Pauvre fou ! Tu ne sais pas que nous jouons tous ici un grand jeu et que d'une certaine façon nous fêtons notre renaissance en semblant fêter notre crépuscule.

MUSÉE. Vive la dialectique ! Mais pensez-vous qu'on a mal très long-temps quand on vous plante un couteau dans le ventre ?

UN IDIOT. Personne ne te plantera un couteau dans le ventre.

MUSÉE. Vous êtes soûl, c'est le propre de la fête que de ne pas savoir si elle encense son crépuscule ou si elle réjouit son matin.

UN IDIOT. Le matin ! Rien que le matin !
Ces rumeurs de guerre ont été inventées pour édifier l'enfant de notre gouverneur.

MUSÉE. Non ?

UN IDIOT. Si !

MUSÉE. Le salaud !

UN IDIOT. Le gouverneur ?

MUSÉE. Mais non, le coiffeur.

UN IDIOT. Qui ?

MUSÉE. Salaud !
Le coiffeur du général.

UN IDIOT. Quel coiffeur ? De quel général ?

MUSÉE. Celui qui a ratissé la ville il y a dix ans, c'est quoi son nom déjà ?
Eh bien j'ai joué aux cartes avec son coiffeur.

UN IDIOT. Pourquoi ?

MUSÉE. Parce qu'il joue très bien au barbu !
Et il m'a prêté des ciseaux pour couper la frange de l'âne, l'âne ne savait plus très bien où il allait.

UN IDIOT. Je veux dire pourquoi le coiffeur du général est-il ici ?

MUSÉE. Pour jouer au barbu.

UN IDIOT. Mais que fait-il ici à part jouer au barbu ?

MUSÉE. Il m'a prêté les ciseaux pour couper la frange de l'âne.

UN IDIOT. Mais que fait-il en ville, à part jouer au barbu et vous prêter ses ciseaux pour couper la frange de l'âne ?

MUSÉE. Il a suivi le général.

UN IDIOT. Il a suivi le général ?

MUSÉE. C'est ce qu'il a dit.
Qu'ils avaient reconquis le village voisin et que ce soir ils entreraient dans celui-là et qu'il voulait me le dire parce qu'on ne trahit pas un compagnon de barbu. Mais personne ne doit le savoir.

UN IDIOT. Personne ne doit le savoir.

MUSÉE. Ne répétez pas tout ce que je dis !
Personne ne doit le savoir parce que, c'est ce qu'il a dit, votre gouvernement doit signer un plan de paix dans lequel vous êtes une monnaie d'échange.
Et comme ce plan de paix se signe demain il faut se dépêcher de conquérir la ville cette nuit.

UN IDIOT. Conquérir la ville cette nuit ?

MUSÉE. Ne répétez pas tout ce que je dis !
Mais vous, vous me dites que tout cela est une gigantesque mascarade pour l'anniversaire du fils du gouverneur alors je suis rassuré, vous connaissez mieux la vérité que le coiffeur de vos bourreaux.

UN IDIOT. Le coiffeur de nos bourreaux !

MUSÉE. Ne répétez pas tout ce que je dis !
J'avoue que vous m'enlevez un poids de sur l'estomac, j'ai donc ma vie entière pour mon anthologie de la chanson idiote.
Merci, au revoir.

UN IDIOT. Merci, au revoir.

MUSÉE. Ne répétez surtout pas ce que j'ai dit ! Bonsoir !

UN IDIOT. Ah ! Malédiction ! Ah ! Maudite prophétie !

Il sort.

MUSÉE. Et voilà le travail ! D'ici une heure toute la ville ne saura plus si elle meurt ou si elle joue sa mort.

L'enfant qui était caché vient donner un baiser à Musée.

——————— scène 11 ———————

BIENVENU. Tu as parlé, Esther, et tandis que tu parlais je t'ai reconnue.

ESTHER. Tu as mis bien du temps à reconnaître celle que tu aimais et que tu appelais "ma sirène".

BIENVENU. Tu es vivante !

ESTHER. La sirène est morte. L'enfant tu l'as tuée. Mais c'est assez, Bienvenu, mon Bienvenu. On souffre toujours trop, disait Musée, rien ne naît de la douleur.

BIENVENU. Mais rien ne naît sans douleur, Esther. Ainsi, tu es aujourd'hui une femme très belle et la petite fille qui venait dans mon jardin est la terre de tes frondaisons.

ESTHER. Je t'aime toujours, Bienvenu. Je t'aime désespérément.

BIENVENU. Je t'aime toujours, femme nouvelle.

ESTHER. Moi aussi je suis partie et je ne savais pas pour où.
Mon père a-t-il beaucoup pleuré ?
Oui, il a pleuré et il a mordu ses mains de désespoir et de rancœur.
Pauvre père !

BIENVENU. Tu ne me quitteras plus.

ESTHER. Mon Bienvenu, je ne sais que t'attendre et te chercher.
En suivant cette foule qui suivait Orphée je ne pensais pas te trouver.
Je n'enchaînerai pas ma main à la tienne, je suis à la douleur des hommes,
c'est à elle que je me suis donnée.
Ne me retiens pas.

BIENVENU. Alors il ne reste rien de cette petite fille que j'ai aimée ?

ESTHER. Pas même ton amour pour elle, je l'ai brisé.

BIENVENU. C'est vrai, en ta présence, je ne peux même plus regretter
celle qui dansait entre mes genêts, vierge sur fond d'or.

ESTHER. Nous ne nous aimons plus.

BIENVENU. J'ai hâte d'être à nouveau séparé de toi pour retrouver
cette petite fille arrogante qui était ma sœur et ma fille et mon plus
grand amour et que tu me caches.

ESTHER. Il fallait le vivre cet amour quand il était temps de le vivre.

BIENVENU. La douleur de l'homme, c'est ce regret qu'on jette à ses
trousses et qui le pourchasse.

ESTHER. Oui.

BIENVENU. Epuisé, parfois il s'arrête comme un gibier blessé pour
reprendre haleine et il voit un buisson d'églantines en fleur. "Ah ! si
j'avais le temps comme j'aimerais cueillir une de ces fleurs et la mettre
sur mon front. L'odeur de sucre coulerait sur mes yeux malades. Mais
poursuivi…"

ESTHER. Bienvenu, mon Bienvenu, tu es devenu un homme si fragile,
toi qui étais si fort, il semble que tu vives à l'envers des autres hommes.
Et je me demande si tu ne mourras pas nouveau-né, car maintenant
que tes tempes devraient être grises, tu ressembles à un adolescent un
peu bête.

BIENVENU. Alors, ma douce, je serai un jour un petit garçon qui jouera
dans ton jardin, celui d'une femme resplendissante, et nos rôles s'échange-
ront.

Il se retourne et pleure.

ESTHER. Je vais compter jusqu'à dix. Si tu te retournes avant la fin de mon décompte je disparaîtrai à nouveau et j'irai rejoindre mon frère. Sinon je resterai près de toi.
Un, deux, trois…
(Il se retourne.)
Est-ce à cause de moi que tu t'es mis un jour à gratter la terre ?

BIENVENU. Je te cherchais, j'ai trouvé une parole.

Esther sort, l'enfant applaudit, Bienvenu salue.

——————— scène 12 ———————

Baptiste est entré, une femme le suit, comme s'il s'agissait d'un nouveau jeu l'enfant prend sa place de spectateur.

LA FEMME DE BAPTISTE. Baptiste ?
Est-ce toi mon compagnon ? Ne nie pas que tu as failli te retourner en entendant ma voix dire ton nom.

BAPTISTE. Ta voix qui dit mon nom, douceur oubliée.

LA FEMME DE BAPTISTE. Je t'ai cherché, mon amour.

BAPTISTE. N'approche pas.

LA FEMME DE BAPTISTE. Baptiste, je t'ai retrouvé !
Je t'ai retrouvé, cerisier de ma vie !

BAPTISTE. Loin de moi, loin de moi !

LA FEMME DE BAPTISTE. Baptiste, je sais maintenant ton histoire. J'ai suivi ta trace.
De village en village, on racontait l'histoire du lépreux sans lèpre.
Et je suis venue te dire que ton calvaire est fini.
Ils ont menti, et tous tes compagnons, exilés comme toi par un mensonge, savent maintenant que leur mal était imaginaire et préparent un banquet sous les lampions du parc de l'université.

BAPTISTE. Je suis libre ?

LA FEMME DE BAPTISTE. Oui, les bourreaux ont avoué que ton empoisonnement n'était qu'une mascarade sans nom.

BAPTISTE. Je ne comprends pas.

LA FEMME DE BAPTISTE. La Révolution a eu lieu, celle que nous attendions.

BAPTISTE. Regarde au-dessus de toi.

LA FEMME DE BAPTISTE. Le ciel ?

BAPTISTE. La galaxie d'Andromède, la seule révolution qui ne sera pas confisquée.

LA FEMME DE BAPTISTE. Elle ne sera pas non plus confisquée l'éternelle révolte de la jeunesse.

BAPTISTE. Mais moi, je n'ai plus cet âge.
En mon temps j'ai fait ce que je devais faire.
Je devine ce qui se passe là-bas.
Les pieds boitant de mes compagnons sur les marqueteries du palais.
Trois jours de fête et l'irréparable crépuscule.
Je ne veux pas voir la démocratie mendier à la porte des anciens monarques.
Je ne veux pas voir cela.

LA FEMME DE BAPTISTE. Tes yeux, ce ne sont plus tes yeux.

BAPTISTE. Mes nouveaux compagnons se disent "fils des étoiles".
Mais moi, je suis toujours le fils de la terre.
Simplement je dis que la terre aussi est une étoile.

LA FEMME DE BAPTISTE. Là-bas, on pense que l'exil te torture.

BAPTISTE. Ithaque refusée, j'ai maintenant peur de toi.
J'ai peur de toi ma patrie.
Où ferais-tu dormir mes compagnons d'exil ?
Je ne reviendrais pas à ton rivage,
Et si je revenais, je condamnerais l'Ithaque de mon souvenir.
On ne revient pas, jamais, ce qui est mort est mort.

LA FEMME DE BAPTISTE. Et ceux qui t'attendent ?

BAPTISTE. Ce n'est pas moi qu'ils attendent.
Et je ne connais plus celui qu'ils attendent.
J'engrange ici pour les millénaires.
Une communauté d'esprit attend un orage de sens.
Je suis frère du tout-venant.
Libre ! Esseulé !

LA FEMME DE BAPTISTE. "Jamais plus", c'est ainsi que chante la vie.

BAPTISTE. Ici, nous construisons un pont au cœur d'un pays sans fleuve.

LA FEMME DE BAPTISTE. Ici ? Y a-t-il un ici, ici ?

BAPTISTE. Le sang n'est pas une patrie.
Le sol n'est pas la patrie.
C'est l'hymne, ma patrie.
Quand très loin de la France une femme dit qu'elle ne se reconnaît de frères qu'étrangers chantant l'étrangeté, nous sommes en France.

LA FEMME DE BAPTISTE. La France, notre modèle.

BAPTISTE. Moi aussi j'aime viscéralement la France, mais ce n'est pas un paysage de coteaux et de vignobles que j'appelle la France.
La France n'est plus en France, mais la France est toujours une terre d'espoir, utopie lunaire qui enchante encore les justes. J'aime son visage et je reconnais son hymne. Une terre exilée, la France !

LA FEMME DE BAPTISTE. D'autres diraient une étoile.

BAPTISTE. Oui.

LA FEMME DE BAPTISTE. Dois-je dire que tu es mort ?

BAPTISTE. Dis-leur que je suis mort.
Dis-leur que je ne veux pas de monument.
Demande à mon vieux compagnon d'école, le bon à rien, tu sais qui, demande-lui de faire une chanson où il y ait mon nom.
Et qu'elle ne soit pas trop difficile à chanter.

LA FEMME DE BAPTISTE. Embrasse-moi.

BAPTISTE. Je ne veux pas.
Je veux me croire encore empoisonné.

LA FEMME DE BAPTISTE. Meurs ! Meurs vraiment !

BAPTISTE. Je suis mort, mon amour, je suis mort.
Dans mon cœur il n'y a plus qu'une campagne désolée, un champ de tournesols brûlés, les braises tombées d'une promesse.

LA FEMME DE BAPTISTE. Dans mon cœur il n'y a plus qu'une terre saccagée, un champ de centaurées coupées, les roses défigurées de notre jeunesse.

Elle sort.

BAPTISTE. O mon inquiétude !
Source du monde, mon inquiétude.
Fiancée maudite, fiancée défigurée et muette. Fiancée carnassière, fiancée morte pendue, fiancée pendue à laquelle on m'a attaché, fiancée

pourrissante, fiancée sans bras, inondée de vermine noire, fiancée lépreuse, éxilée, plaintive, fiancée plaintive, fiancée plaintive, j'entends ta plainte, j'entends cette plainte infinie, cette plainte qui rongerait le bois de mon cercueil !
Sirène, sirène, rends-moi le monde !
Rends-moi le monde, sirène ! Rends-nous le monde !

MUSÉE. J'ai une bonne histoire :
Un homme jurait qu'il pouvait sauter du haut du chapiteau dans un verre d'eau.
Au directeur du cirque il disait : "Vous verrez, c'est le plus grand numéro jamais vu !"
Démonstration : il monte au sommet du chapiteau, il saute et s'écrase effroyablement sur le sol.
Trois mois plus tard le directeur du cirque pris du remords d'avoir accepté cette démonstration suicidaire va voir notre héros à l'hôpital.
Il a apporté des fleurs et des gâteaux.
L'homme est allongé, le corps plâtré, le visage défiguré, prisonnier de toutes sortes de suspensoirs.
Mais dès qu'il voit entrer le directeur du cirque il sourit et fait :
"Et voilà."

BAPTISTE. Dis-moi encore que tu m'aimes.

MUSÉE. Oui, je t'aime.
Je t'aime.
J'aime ce monde dans ton cœur écœuré du monde, j'aime ce cœur qui soutient un monde que le monde ne soutient plus.

BAPTISTE. Musée, je n'ai encore jamais pensé à te regarder comme un homme, tu m'as toujours semblé une plaisanterie amère.

MUSÉE. Maintenant Musée va s'approcher de Baptiste et le prendre dans ses bras, parce qu'il sait ce que tu as sacrifié.
Je te tiens dans mes bras, mon ange, et si tu es empoisonné, je veux bien mourir de ce poison aussi.

BAPTISTE. O Musée, quel est ce monde d'oubli où l'on nous apprend à oublier l'oubli même.

MUSÉE. Ce n'est rien, le temps, presque rien.

BAPTISTE. Il faut combattre.

MUSÉE. La joie qu'il y a parfois dans le combat, cette joie-là, oh ! c'est la fraternité des bâtards.

Un homme est entré, enjoué, il porte une bouteille de vin.

UN EXALTÉ. Vous savez la nouvelle ?

MUSÉE. Non.

L'EXALTÉ. Les assassins entreront ce soir dans la ville et nous égorgeront. L'enfant saint l'avait prédit.
Mais ce soir, ce ne sont pas les assassins qui entreront dans les livres d'histoire, c'est notre joie !
Pour nous tuer ils devront venir sur notre piste de danse, et là nous serons les plus forts.

BAPTISTE. Comment le savez-vous ?

L'EXALTÉ. De source sûre.
Ma femme travaille à la bibliothèque avec la belle-sœur du fils aîné de l'ancien champion d'athlétisme. Ce champion a fréquenté les grands de ce monde, et notamment le coiffeur du général…

MUSÉE. Je vous crois ! Si on le sait d'un coiffeur, c'est vrai.

L'EXALTÉ. Alors vous allez mourir avec nous.

MUSÉE. Si le coiffeur le dit, on peut douter de tout sauf d'un coiffeur.

BAPTISTE. Nous serons très heureux d'être vos derniers hôtes.

L'EXALTÉ. Au fond, vous savez, j'aime autant mourir, tous mes amis sont morts.
Je me reproche d'avoir survécu. Qui pourrait m'apporter le pardon ?

BAPTISTE. Cette bouteille de vin que vous avez déterrée pour l'occasion.

L'EXALTÉ. Je n'ai aimé que cela, mourir.

Un jeune homme est entré, c'est le fils cadet de Victoire. Il est défiguré.

LE CADET DES JUMEAUX. Ma mère est-elle ici ?
Je suis le fils de Victoire, son fils cadet, celui qui a vécu exilé par un poème qu'elle avait épinglé dans son sommeil.
Celui qui est poursuivi par un poème comme Io l'était par un taon.
Celui qui vient réclamer le pardon et qui croit que l'on peut l'obtenir.

MUSÉE. Des deux il y en a un qui a suivi la piste des chasseurs.
A voir tes chaussures, je te crois.

BAPTISTE. A voir ton visage, je te crois.

LE CADET DES JUMEAUX. Est-ce assez souffrir ?

MUSÉE. C'est trop, on souffre toujours trop.
Mais bien sûr on peut toujours se donner des coups de marteau sur la tête pour éprouver le plaisir que cela donne quand on arrête.

LE CADET DES JUMEAUX. Tu ne connais rien de mon histoire.

MUSÉE. C'est moi qui t'ai endormi autrefois avec la fumée de ma girouette.

LE CADET DES JUMEAUX. Je viens mendier mon rachat. Ma mère seule peut chasser l'aigle qui vit sur ma tête.

MUSÉE. Qu'est devenu l'autre frère ?

LE CADET DES JUMEAUX. Mon frère a arraché le poème de son dos dès qu'il a su que quelque chose avait été épinglé pendant son sommeil.
Mais il s'est piqué au doigt en froissant le papier pour le jeter loin de lui.
Le fer de la petite aiguille a infecté sa main puis son bras et une fièvre terrible lui a fait perdre la tête.
Sa maladie était l'égale d'une colère effrayante mais l'on ne savait pas qui il insultait.
Quand il est mort son visage avait été définitivement séparé du mien par une lèpre verte qu'il avait dû appeler sur sa face.
Comme il ne m'a pas reconnu, le baiser que je lui ai donné, peu avant sa mort, ne lui a été d'aucun réconfort.
Mes yeux étaient secs et mes yeux sont restés secs. Dès l'instant que je l'ai vu froisser le poème dans son poing, quelque chose en moi s'est rompu et détaché de lui.
Parti avant son enterrement, j'ai erré sans fin dans des pays que je ne soupçonnais pas et où je ne soupçonnais pas que l'on pût à ce point nous haïr.
J'ai su de la bouche des suppliciés que j'avais été un conspirateur sans nom et que mon drapeau était connu comme celui de la pire des barbaries.
L'élevage de chiens féroces est notre meilleur commerce.
J'ai su qu'on nous appelait, là-bas, les éleveurs de chiens. Et ceux qui ont voulu me frapper, pour frapper, avec mon visage, un peu de mon pays, je leur ai moi-même tendu le fouet.
Voilà de quoi je suis défiguré.
Un jour où le dégoût de ma race allait rompre mon cœur, on m'a parlé d'Orphée et de ses compagnons.
J'ai suivi votre piste et je ne pensais pas retrouver ma mère que je croyais morte.

BAPTISTE. Comment as-tu franchi la ligne de front ?

LE CADET DES JUMEAUX. La ligne de front ?

MUSÉE. Oui.

LE CADET DES JUMEAUX. Mais tout est calme aux alentours.

MUSÉE. Le calme d'avant la tempête, sans doute.

Musée assomme le fils de Victoire.

L'EXALTÉ. Pourquoi l'as-tu assommé ?

MUSÉE. Il allait dire la vérité.

L'EXALTÉ. Et alors ?

MUSÉE. Et alors on peut mourir de la vérité !

 scène 14

On installe de grandes portes de papier d'or.

VICTOIRE. Bien dit, Musée ! Sais-tu pour qui sont ces portes de papier ?

MUSÉE. Non.

VICTOIRE. C'est pour moi, Orphée, que je les ai fait construire.

ORPHÉE. Et que feras-tu de cela, Victoire ?

MUSÉE. Déjà, Victoire, déjà ?

VICTOIRE. Ne pleure pas. Séléné pleure-t-elle ?
Ainsi le jeu de Pluton nous a rattrapés, sans doute y avait-il grand péché
à mimer le diable pour faire peur à l'enfant.

BIENVENU. Moi je pleure, ma sœur, je pleure et je n'ai pas honte de
pleurer.
Quoi, c'est l'heure où tu nous quittes et je n'aurais pas le droit de pleurer ?

Il sert un verre de vin à Victoire.

SÉLÉNÉ. Je ne sais pas, Victoire, si je pourrai dormir sans ton corps près
du mien. Tu ne seras plus là. Tu ne seras plus là et ce verre de vin dans
lequel tu bois ne sera même pas ébréché.
(Victoire brise le verre.)
Mais mon amour, ce serait le monde entier qu'il faudrait briser.

VICTOIRE. Ce que j'ai à vous dire, je ne pouvais pas le garder pour moi.

BAPTISTE. Et ainsi, les uns après les autres, nous nous séparerons quand cet ouvrage sera fait.

ORPHÉE. Il est temps que tu parles, Victoire.

VICTOIRE. Oui mon amour, il est temps que je m'adresse à vous.

ORPHÉE. Le Renard dit que tu as l'air enjoué d'une fiancée.

VICTOIRE. Renard, je suis heureuse.
(Sans reconnaître son fils.)
Qui est cet homme qui dort ? Ne faudrait-il pas le réveiller pour qu'il entende les derniers mots de Victoire.

MUSÉE. Tu ne le reconnais pas ?

VICTOIRE. Qui le reconnaîtrait, son visage est détruit.
Pauvre enfant.

(Au public :) Gravir une montagne ou combattre un fauve, s'enterrer aux entrailles venimeuses de la terre ou bien se cloîtrer dans un livre interminable, construire ces monuments exagérés, ces jardins frondeurs, prises de parole, crimes, exploits, amours…
Pourquoi faites-vous tout cela ? Pourquoi ?
Drôles de bêtes insatiables, il faut que vous cherchiez, et le mors de l'Expérience et de la Promesse tire sur votre pauvre sourire.
Vous avez soif, c'est beau de vous voir dans cette soif qui vous fait œuvrer, chercher, trahir. C'est beau et c'est un peu ridicule parfois.
Faut-il aller si loin ? Ces forêts rouges, ces abysses, ces couloirs sans ombre où vous cherchez !
Vous pourriez tout sacrifier, votre sommeil et votre pain mais que l'on ne vous prenne pas cette extravagance : votre quête.
Et chacun, même le boutiquier empâté, furète à sa manière, avec son vice comme une lanterne, avec son chagrin en houlette ou bien son talent comme ombrelle de marche.
Vous irez encore plus haut, plus loin, plus incroyablement, pour que vous soit donné cet instant où le voile se déchire, ce frisson du monde dans votre cœur, ce sursaut de la vie enfin !
Acquise enfin !
Et pourtant, il n'est pas loin de vous ce rayon vert.
Il est si généreusement près de vous qu'il faut aller au fond de l'Amazonie pour voir le poisson d'or que l'on ne remarquait pas dans son jardin.
Pour d'autres, ce sera le bateau de papier qui fuit dans la rigole et le geste exubérant de l'enfant qui le donne au courant.

Pour d'autres, encore, c'est un jour de mai, ce moucheron immobile en plein vol et que la lumière du soir pourrait dissoudre.

Ou bien, car l'expérience se pose où l'on ne l'attend pas, c'est la petite entaille sur une marche du palais qui témoigne de l'éternité de l'être et du passage des chariots.

Une sandale oubliée qui a encore la forme du pied, une sandale sur le bord d'un volcan. S'est-il jeté, le jeune marcheur, et comment cette sandale de cuir peut-elle ainsi témoigner de toute la force du vivant, de toute la gloire et de toute la douceur de l'être ?

Moins qu'un objet c'est peut-être un son qui, un jour, vous rendra le bleu inimaginé du réel, c'est peut-être un petit bruit qui réveillera en vous les larmes de l'émerveillement béni, une bille de verre qu'un enfant laisse tomber sur le marbre d'une chapelle.

Voilà le monde dans son apparoir, l'instant où le chardonneret de la vérité a posé sa patte sur le mur du jardin et, cette pierre qu'il a choisie, Dieu sait pourquoi, est la pierre de notre sacrifice.

Tombent alors les portes de l'apparence et le monde enfin nous est confié.

Tous, vous connaîtrez cela, je le promets.

Moi, Victoire, je vous promets cette victoire.

Croyez à la vérité de cette promesse, croyez par le son de ma voix à cette promesse, entendez que je ne vous trahirai pas dans cette promesse.

Et cet instant sera pour chacun de vous plus précieux que les idéologies et plus vaste que les religions.

Car nous souffrirons encore, nous souffrirons et nous pleurerons, nos châteaux s'effondreront, notre justice sera réduite en cendres et nous ne saurons plus rien.

Mais je vous jure, je vous jure que pour chacun, au moins une fois, le monde apparaîtra.

C'est cette mémoire dont il s'agit et que vous connaîtrez si vous ne l'avez pas déjà connue sans la reconnaître.

Il y a une pierre dans la pierre du muret que vous voyez quotidiennement sans la voir, elle est un arpège du Vrai.

Là où le chardonneret s'est posé est votre lieu de naissance. Le temps ne sera plus qu'un peu de nacre sur les objets perdus et vous chanterez votre très pur amour.

LE CADET DES JUMEAUX. Ma mère, pourquoi ne m'as-tu pas dit cela autrefois ?

VICTOIRE. Parce que je ne le savais pas encore.

LE CADET DES JUMEAUX. Ce poème dans mon dos, voudrais-tu me le lire.

VICTOIRE. Je n'ai pas le temps, je dois partir. C'est un long poème.

LE CADET DES JUMEAUX. J'ai rencontré tant d'hommes et de femmes, aucun ne lisait les mêmes mots et je ne sais plus quoi penser.

VICTOIRE. Que c'est doux de mourir !
Oh ! la terrible douleur de naître, cet air brûlant dans les poumons, cette lumière trop blanche, ces cris effrayants dans la chambre et ce corps qui vous tombe dessus d'un coup !
Pauvre nourrisson, tu as bien du courage, je t'admire de vouloir venir ici dans la douleur.
En échange, peut-être connaîtras-tu cet instant pour lequel tu as accepté de venir dans l'ignominie du temps.
Mais la mort est douce !

LE CADET DES JUMEAUX. Ma mère, ne me quitte pas avant de m'avoir dit au moins un mot de ce poème !

VICTOIRE. Voici comment il se termine : L'oiseau disparu, la branche tremble encore.

Elle disparaît à travers les pans de papier doré.
Le bruissement des feuilles déchirées les laisse interdits un long moment.

——————— scène 15 ———————

Séléné, immobile, dans la joie.

SÉLÉNÉ. Je suis revenue des Enfers.

ORPHÉE. Tu es revenue des Enfers, Séléné ?

SÉLÉNÉ. Oui, et je témoigne.

ORPHÉE. De quoi témoignes-tu ?

SÉLÉNÉ. Que l'on ne voit rien des Enfers, aux Enfers.

ORPHÉE. Rien ?

SÉLÉNÉ. Non.

ORPHÉE. Et que peut-on connaître de l'enfer ?

SÉLÉNÉ. Le sourire de ceux qui résistent à l'enfer.

ORPHÉE. Tu as l'air si serein que les branches des arbres s'inclinent vers ta peau pâle.

SÉLÉNÉ. Je suis dans l'émerveillement du matin promis.
Victoire est devenue une ramure d'olivier. C'est à son ombre que je lis les lignes de ma main.

ORPHÉE. Tu pourrais incendier le monde avec cette vérité.

SÉLÉNÉ. Je vais rester ici, immobile et verticale, dans le bleu de ma flamme.

Séléné est changée en statue.

──────── scène 16 ────────

LE CADET DES JUMEAUX. Ma mère est morte désormais et je sais qu'elle n'a pas demandé en vain.

ORPHÉE. Et toi, que vas-tu faire maintenant ?

LE CADET DES JUMEAUX. Je ne veux plus dormir.

ORPHÉE. Comment feras-tu ?

LE CADET DES JUMEAUX. Peut-être dans cette ville. Dans cette ville la douleur a été si grande que la vengeance n'était pas suffisante à la rassasier. Et qu'il a été plus simple de se refuser aux représailles.
Et j'ai vu dans le regard de l'enfant que tu portais sur tes épaules que je pouvais être pardonné.

ORPHÉE. La honte est parfois si brûlante qu'elle monte vers le ciel.

LE CADET DES JUMEAUX. Je suis le frère de cette honte.
Je vais aller pleurer silencieusement près de ce cadavre.
Je lui dirai : "Non, ce n'est pas moi qui t'ai égorgé. Mais c'est moi qui t'ai désarmé."

ORPHÉE. Tu sais ce que vient de dire le Renard ?

MUSÉE. Je t'écoute.

ORPHÉE. Il vient de dire : "Le bruit de nos pas sur les feuilles mortes, c'est assez de caresses paternelles."

MUSÉE. Taisons-nous, écoutons la nuit.

Il y a un long silence.

QUELQU'UN. Ils entrent ! Les bourreaux entrent dans la ville !

L'ENFANT *(il fait le geste de s'ouvrir la gorge)*. Il est temps d'ouvrir dans cette gorge le sourire d'un fils du ciel !

PLUTON *(qui entre en courant)*. Non ! Mon fils, non !
Le jeu s'achève et l'arme doit rentrer dans son fourreau. Bientôt cette cloche va sonner, c'est ce que nous voulons.
Nous voulons vivre à nouveau.
Mon fils, ton père plie le genou devant ta sagesse.
Le miracle est familier, c'est cela mon enfant que tu devras désormais nous apprendre.
Quoi dans le monde n'en finit pas de nous séparer du monde.
Est-ce nous, les rois, qui dérobons le bois sous la main de nos sujets ?
Ou bien les riches ? Oui, ce sont peut-être les riches qui remplacent chaque objet par son image, si bien que l'eau et le bois et le feu ne sont plus nos alliés, mais des rois exilés à qui on a volé le trésor.
Bientôt cette cloche va sonner et je voudrais l'entendre, non pas comme une cloche, mais comme le miracle de l'air frappant le miracle du temps.

L'EXALTÉ. Pluton, voilà un beau discours inutile.
Mais la cloche sonnera notre capitulation. La rumeur n'est pas venue jusqu'à tes oreilles. Nous ne jouons plus et la mort est proche. Si la cloche sonne, elle sonnera notre fin.

ORPHÉE. C'est vrai.
Tu es le dernier à l'apprendre, ce que tu redoutais est venu.

PLUTON. Mon fils ! Il était temps que tu m'apprennes à mourir.
Le spectacle que nous devions jouer pour mon fils est-il prêt ?

ORPHÉE. Oui.

PLUTON. Alors c'est pour moi que vous le jouerez. Et en attendant l'entrée des bourreaux, je serai ce témoin inégalable de votre pas sur les planches.

Tréteaux improvisés.

BIENVENU. Un roi s'en alla un beau jour trouver la très célèbre sibylle pour savoir quel serait le sort de son fils qu'il chérissait plus que tout au monde.

LE PROFESSEUR. C'est Lavinia qui doit faire la sibylle.

BIENVENU. "Sibylle dis-moi quel est le destin de mon fils.
Sera-t-il un grand poète qui apprendra aux princes à sourire, sera-t-il un prince qui inventera des lois très douces et tendra la main aux poètes ?

LAVINIA. Moi, Sibylle, j'ai le malheur de te dire que ton fils sera tué par un lion avant son vingtième anniversaire.

BIENVENU. Le temps a passé dans ce royaume et l'enfant a grandi.
Dialogue du précepteur et de l'enfant :

ORPHÉE. "Dites-moi mon ami, pourquoi dois-je vivre ainsi sans jamais sortir du palais et pourquoi mon père ne veut-il pas que j'aille comme les autres seigneurs chasser le renard et le cerf dans les vallons délicieux de notre royaume ?

LE PROFESSEUR. Mon enfant, je ne devrais pas te le dire mais puisque c'est aujourd'hui ton vingtième anniversaire et qu'il ne reste plus que quelques heures avant que la prédiction soit passée, voici toute l'histoire : Ton père tient d'une sibylle qu'un lion te tuera avant tes vingt ans et c'est pour cela que le roi te refuse tout divertissement et te tient prisonnier entre ces murs et t'interdit la chasse et la baignade et les vendanges.

ORPHÉE. Père ridicule et superstitieux ! La crainte est donc plus souveraine que toi sur ton propre royaume et tu préfères priver ton fils de ce qui fait l'agrément de la vie plutôt que de le laisser courir dans le danger miraculeux des fondrières et des ravines."

BIENVENU. Et l'enfant ivre d'amertume s'en va pleurer dans une chambre du grenier où vieillissent paisiblement ses jouets de petit prince.
Mais, en passant dans la galerie qui le conduit à son refuge, il voit l'œuvre d'un maître oublié qui lui rappelle tristement son sort.
C'est un grand tableau encadré d'or où un lion le regarde de ses yeux rouges.
Dialogue imaginaire entre le fauve et l'enfant :

ORPHÉE. "C'est donc toi le terrible monstre qui s'est allié à la sénilité de mon père pour dévorer le meilleur de mon âge ?

MUSÉE *(en lion)*. Enfant ingrat, tu ne sais pas remercier ton père pour sa prévenance, sans lui je t'aurais déjà dévoré !

ORPHÉE. Sans lui tu serais déjà mort sous mes flèches et ta peau aurait servi de tapis à ma légende de jeune héros.

MUSÉE *(en lion)*. Il est vrai que ton courage n'a été mis à l'épreuve que d'un fauve qui s'appelle ennui et ta légende tarde un peu à s'inscrire sur les tablettes d'or."

LE PROFESSEUR. Le jeune homme est terrassé de colère et frappe de son poing l'image de la bête à qui il doit son exil.
Mais derrière la toile un clou pique sa main d'une blessure profonde.

ORPHÉE. "Aïe !"

LE PROFESSEUR. Le cri qu'il pousse est plutôt celui d'un pressentiment funeste que celui d'une douleur insupportable.

ORPHÉE. "Aïe."

LE PROFESSEUR. C'est plus juste.
La plaie s'infecte et il faut couper le bras qui s'impatientait de cueillir les fleurs et de tourmenter les ruches.
Mais cela ne suffit pas ; le mal gagne le front du jeune homme qui meurt en disant :
"Je n'aurais pas dû frapper cette image."

LAVINIA. Ce n'est pas une grande parole.

MUSÉE. Au contraire, c'est une très grande parole.

LE PROFESSEUR. Dialogue entre le médecin et le roi accablé :

BAPTISTE. "Sire, votre fils vient de rendre l'âme.

BIENVENU. Ah, je comprends maintenant que j'ai tué mon enfant.
Je ne l'ai pas tué en laissant dans la galerie l'image qui devait le tuer.
Je l'ai tué le jour où j'ai voulu le prévenir de la mort.

BAPTISTE. Sire, j'aurais agi de même pour mon propre fils.

BIENVENU. Non, mon ami, tu aurais simplement été vaincu par son désir d'aller courir dans les bois avec les autres enfants.
Et tu aurais prié dans la fièvre jusqu'à l'heure de son retour.
Et tu aurais caché ton inquiétude et tu aurais pris sur toi la peur infernale pour qu'il ait droit à sa jeunesse.
Mais ton fils n'était pas un prince."

Fin du spectacle, ils saluent.

L'ENFANT. Je viens d'apprendre que je suis mortel.

PLUTON. Je suis maudit.

Un homme entre en courant.

QUELQU'UN. Réjouissez-vous !
Les villages voisins dorment paisiblement et rien n'augure d'un nouveau malheur.

PLUTON. Mais alors de qui vient cette rumeur mensongère ?

L'EXALTÉ. Je le tiens de toi.

QUELQU'UN. Et moi je le tiens de ma sœur.

QUELQU'UN. Et moi c'est lui qui me l'a dit.

QUELQU'UN *(désignant Musée)*. Et moi je le tiens de lui.

PLUTON. Et toi, Musée, qui te l'a dit ?

MUSÉE. C'est un coiffeur à qui j'avais demandé des ciseaux pour tailler la frange de l'âne, la pauvre bête avait sur les yeux une grande mèche qui lui cachait le paysage.

PLUTON. Et tu l'as cru ?

MUSÉE. Je ne voyais pas son intérêt à me mentir ?

QUELQU'UN. Pendez-le !

MUSÉE. Même si vous me pendez haut et court vous ne vengerez pas vos oreilles de m'avoir cru et vos bouches d'avoir répété bêtement.
La rumeur vous ne la ferez pas descendre de son trône en tuant un de ses porteurs.
Et aussi bien, vous pourriez faire le procès de cette paire de ciseaux qui est la cause de tout.

PLUTON. Cette idée me semble excellente.
Ton châtiment sera terrible, paire de ciseaux, tu seras plongée dans le fond du fleuve et là tu perdras ton éclat.
Va avec les monstres sans yeux couper des algues et te nourrir de gravier.

MUSÉE. Je crois que nous sommes débarrassés d'un monstre.

BAPTISTE. Mais si un jour le fleuve la recrache aux berges mortes d'une ville sans défense.

MUSÉE. Il faut trouver un châtiment qui ne lui laisse aucun sursis ; la couler dans le marbre, la fondre au feu du volcan.

PLUTON. Et toi, Orphée, crains-tu qu'un jour une rumeur bruyante assourdisse le baiser que font tes lèvres et qui est la parure du temps ?

ORPHÉE. Je ne m'en soucie pas.
Ce serait déjà une inquiétude trop lourde pour ma barque.

PLUTON. Mais cette arme qui sépare et infecte la simplicité des choses et la simplicité de notre écoute nous voulons la proscrire définitivement. Et qu'en dis-tu, mon fils ?

ORPHÉE. Vous craignez pour vos enfants et vous voulez les prévenir de vos fautes.
Mais c'est votre prévenance qui a failli me tuer.

Qui a dit cela : Orphée ou bien mon enfant ?

ORPHÉE. Quelle importance, mon père ?
Je suis Orphée ; et là où tu m'entends, tu es Orphée couronné du même rameau que ton fils.
Cessez de craindre, la crainte fait le mal.

PLUTON. Tu ne sais pas que le seul réconfort d'un père que la vie a beaucoup maltraité est de fermer les yeux en pensant : du moins mon enfant ne connaîtra pas cela.

ORPHÉE. Ce soir, je t'ai prouvé que nous serons dignes des souffrances passées.

PLUTON. Ainsi ce bâton de vieillesse me serait retiré et je devrais croire que les horreurs reviendront et qu'à vouloir les éviter je les ferai renaître.

ORPHÉE. Mon père, ne crains pas la mort. Ne crains pas la douleur. Laisse la paire de ciseaux envenimer le destin du fleuve et laisse le risque chanter au fil de son eau bleue.
C'est en éloignant la mort que tu rends la mort cruelle.

BAPTISTE. Victoire s'est tenue droite à la porte de l'Hadès.
Lance encore le risque du monde dans notre fleuve, Pluton, et tu prouveras ainsi la confiance que tu donnes à ton fils.

PLUTON. Laissez au lit du fleuve le sécateur éternel et le possible jour de sa vengeance.
Je ne prévois plus rien, souvent le mal règne là où l'on cherche à le proscrire.
Je te remets désormais le gouvernement de ce pays. Toi seul peux nous mener car toi seul ne sais rien.

BAPTISTE. Voilà où nous vivons, nous dont la flamme est roturière.

LAVINIA. Nous dont l'âme est venue se mêler à la foule des foires, nous dont l'âme trinque avec les malheureux au discours incohérent, nous dont l'âme erre avec l'amertume et le désarroi, et pourtant est si fière de porter son risible costume.

LE PROFESSEUR. Nous vivons au lieu où la mer se retire pour se donner l'ample vertige de son réel.
Et nous devons bénir cet instant où se dérobe ce qui nous était si cher.

MUSÉE. Là, nous les orgueilleux, nous les pilleurs, devons effacer d'un sourire les mots que nous avons voulu graver dans le marbre.

ORPHÉE. Voilà mon arbre dans son rêve d'arbre, voilà ma terre dans son rêve marché, voilà mes frères dans mon ensoleillement.

BIENVENU. Une prière sans doute, c'est une prière si simple cette confiance que nous devons laisser aux choses à venir.

LAVINIA. Cela est le don et cela est notre ouvrage ; ne pas tailler les arbres ; les accompagner dans leur grâce rebelle.

BAPTISTE. Laissons être ce qui est et la joie nous sera donnée en plus.

ORPHÉE. Car la joie c'est de ne plus être seul. C'est pourquoi j'ai dit : Escorte celui qui t'escorte !

PLUTON. Laissez sonner cette grande cloche, elle est d'avance le bleu du matin, elle est le courage qui traverse la nuit.
Rejouissons-nous de l'épreuve car nous vaincrons.
Rejouissons-nous au cœur de notre nuit, frappons le fer de notre nuit comme le battant d'une grande cloche.

ORPHÉE. Nous sommes de nouveau sur la route.
Ce vent-là doit encore nous enivrer ou bien c'est que nous avons perdu l'aigrette qui danse au sommet de notre crâne et qui est notre invisible coiffure.

PLUTON. Il faudra suivre le renard qui s'étonne lui-même de sa flamme en voyant son reflet sur la neige.
A ceux qui ne savent pas, osez confier votre destin ; à l'enfant qui ne sait pas qu'il sait, osez donner la parole ; s'il parle avec justice ce n'est pas la ruse du vieux savant ou l'habileté du calculateur. Ce n'est pas non plus la prouesse du faiseur, c'est Tout Autre que lui qui parle à travers lui. Voilà comment un enfant après la destruction de l'église a appris aux survivants à fondre une nouvelle cloche.

Et lui qui avait fait semblant de savoir tout de la fonte n'en croyait pas ses oreilles en entendant le timbre puissant de son ouvrage, qu'il avait fait sans savoir faire.

MUSÉE. Mais comment a commencé cette invraisemblable histoire sinon par un tricheur qui s'est approprié le nom d'Orphée...

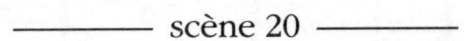

scène 20

ORPHÉE. Mes amis, il est temps que je vous rende grâce.
Je ne veux plus porter cette lyre trop lourde, et sans doute vous l'avez senti dans la grisaille de mes derniers mots.
Je ne suis plus Orphée, je ne suis plus celui qui peut vous réunir.
Bientôt il faudra légiférer et notre passage dans cette ville ne restera pas secret.
Nous deviendrons chanteurs professionnels et nous devrons élire un porte-parole, il ne faut pas cela.

PLUTON. Mes chers amis, maintenant que l'enfant indique le chemin, il vous reste à partir. Orphée ne vous a-t-il jamais parlé de celle qu'il a un jour préféré perdre dans les Enfers ?

ORPHÉE. Je sens que ma tête se décolle de mon corps et ce foulard que je porte au cou se tache du sang d'une plaie rouverte. Risquer Orphée, c'est Orphée.

BIENVENU. Alors ton silence deviendra le désir insulaire de quelques frères en attente.

ORPHÉE. C'est mon amour que vous vouliez, je vous l'ai donné, vous êtes des rois.

BAPTISTE. Avec ce qui a été vécu entre nous, sais-tu, Orphée, que l'on pourrait faire fleurir un nouveau drapeau ?
On le pourrait, Orphée, on pourrait donner à la cité cette paix de ton rameau d'olivier et créer un nouveau contrat entre les justes.

ORPHÉE. On le pourrait, Baptiste, c'est pourquoi il vaut mieux que nous nous séparions.

BAPTISTE. Mais moi je voudrais revenir à cette lutte car je crois que l'espoir n'est pas mort.

Il sort.

ORPHÉE. Oublie-moi et je te serai rendu.

LAVINIA. Si nous sommes aux Enfers, c'est ici que je veux rester. Le nom de Perséphone va bien à mon teint blanc, et Pluton me regarde comme si j'étais sa reine promise.

PLUTON. Je serai ton roi. Et cette terre brûlée sera ton royaume.
Cette fête que nous devions faire pour attendre la mort, faisons-la avant de nous quitter à la gloire du matin.

Il sort avec Lavinia et l'enfant.

LE PROFESSEUR. L'odeur de craie de mon université m'appelle, et cette nuque lasse de mes élèves dans laquelle ma parole tombe, à moitié morte.

Il sort.

MUSÉE. Le temps est venu pour moi de chercher un visage nouveau. Quand tu as choisi de perdre Eurydice, tu as choisi au nom des hommes d'être toujours le veuf, toujours en marche. Eurydice est l'âme d'Orphée, qu'il veut chercher à reconquérir, toujours.

Il sort.

—————— scène 21 ——————

Un grand lion est entré sur le plateau, il parle.

LE LION. Je viens à toi, Orphée, comme le veut la légende.
Sais-tu pourquoi les animaux viennent à toi ?

ORPHÉE. Je ne le sais pas.

LE LION. C'est que tu nous donnes la parole et nous mourons de silence.

ORPHÉE. Quand tu vas à la rivière, c'est la beauté même qui court se rafraîchir, et moi je ne saurais pas même sauter d'une fenêtre sans me casser une jambe.

LE LION. Chez toi il manque quelque chose, j'aime cela.

ORPHÉE. Mais Dieu est l'odeur de ta crinière.

LE LION. Mais chez toi, Dieu brille par son absence et c'est cet éclat qui me donne envie de pleurer.

ORPHÉE. Voilà pourquoi je suis Orphée.

LE LION. Oui, tu es Orphée.
Tu es Orphée car tu ne peux pas être Orphée.

Tu chantes les pleurs que je ne sais pas pleurer et je les aime.
J'ai tout et je voudrais vivre un peu de cet à-peu-près si cruel qui fait votre lumière.
Ta misère te donne un sablier, j'aimerais un royaume comme le vôtre, un temps compté, un ouvrage à finir, des espoirs dans une vieille besace de cuir râpé, des regrets.

ORPHÉE. Ah ! Lion, tu ne connais tout cela que par mon chant mais sais-tu que pour le chanter j'ai dû usurper ce rôle.

LE LION. Je sais tout cela.
Mais je voudrais un jour moi aussi voir le monde.

ORPHÉE. Nous sommes incomplets et infiniment risqués, c'est ce qui dore la perruque du lion.

Le lion sort.

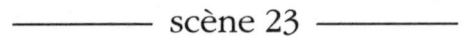

scène 23

Orphée et Bienvenu sont seuls.

BIENVENU. Orphée, nous devons nous quitter mais sais-tu que nous n'étions pas loin de bâtir à nouveau l'église nouvelle ?

ORPHÉE. C'est ce qu'Orphée ne veut pas, Bienvenu, c'est ce qu'Orphée redoute.
Disparaissons, laissons les autres bâtir !

BIENVENU. L'ivresse du néant était donc ce que tu prêchais.

ORPHÉE. Non, Bienvenu, je prêche la confiance, ces jérémiades m'écœurent.
Nous perdrons tout, nous sommes humains, nous perdrons tout.

BIENVENU. Nous perdrons tout.

ORPHÉE. Nous avons déjà tout perdu.
A cette heure du siècle où je parle, tout est perdu.
Reste que c'est à nous d'être la flamme.

BIENVENU. Tu n'as pas peur, Orphée ?

ORPHÉE. J'ai peur.

BIENVENU. Et cette peur est aussi pour nous ?

ORPHÉE. J'ai peur pour vous mais j'ai confiance en vous.

BIENVENU. Nous sommes en danger ?

ORPHÉE. Heureusement.

BIENVENU. Le lion est revenu, nous sommes libres !

ORPHÉE. Préparons-nous pour accueillir le jour.

BIENVENU. Dis-moi, Orphée, danserons-nous encore sous la muraille ?

ORPHÉE. Nous sommes dans Sa main, c'est simple.

BIENVENU. Monterons-nous encore sur la colline provençale où les étoiles sont colorées ?

ORPHÉE. Et le vent sera sur nos épaules, oui.

BIENVENU. Et si tout meurt de ce que nous avons aimé, que pourrons-nous aimer encore ?

ORPHÉE. Nous aimerons sans peur ce que nous avons aimé et qui reviendra.

BIENVENU. C'est cela l'atelier du ciel ?

ORPHÉE. Fais ce pour quoi tu es fait.

BIENVENU. Je ne sais pas.

ORPHÉE. Tu le sais si bien que tu ne pourrais rien faire d'autre.

BIENVENU. Alors nous sommes accomplis.

ORPHÉE. Avec Sa bénédiction.

BIENVENU. Pardonne-nous, Orphée, de t'avoir obligé à parler.

ORPHÉE. Tout est prière.

BIENVENU. Sais-tu qu'à quelques mètres d'ici il y a une prison ?

ORPHÉE. Il y a derrière ces grands murs une ville, un jardin et une prison.

BIENVENU. Penses-tu parfois à ceux qui ne sont pas appelés.

ORPHÉE. Je pense à ces femmes qui viennent au jardin, là-haut, pour montrer leurs seins à leurs maris prisonniers car la prison donne sur le jardin.
Tout le monde est appelé.

BIENVENU. J'aimerais qu'une femme vienne et me donne une telle preuve d'amour.

ORPHÉE. J'aimerais moi, retrouver la simplicité de la pastorale de mon enfance, quand on chantait sous l'orbe généreux de la nuit provençale et que les enfants avaient des ailes en papier et des robes de soie parme.
J'y pense et je pleure.

BIENVENU. Orphée, l'air du soir est parfumé de jasmin.

ORPHÉE. Nous nous ouvrons comme des fleurs.

BIENVENU. Je L'entends.
Je m'évanouis de joie, j'espère que je ne me fracasserai pas le crâne en tombant, je tombe dans le ciel.

ORPHÉE. Voici les derniers mots avant que chacun parle pour lui dans cette fête et que le matin nous sépare.
Voici le plus beau poème.
Et voici le seul testament.
Trois mots : VIE, MORT, VIE.

FIN

DANS LES JARDINS DE PAMPELUNE

O grands départs inassouvis
S'il faut répondre à votre appel
Je vous sacrifierai ma vie
Pour que repoussent enfin mes ailes.

Je perdrai tout ce qu'il me reste
Avec un mépris délicieux
Comme le ballon perd du lest
Pour monter au plus haut des cieux.

Refrain
Larguez les amarres !
Hissez haut les voiles !
Hurle la fanfare !
Brillent les étoiles !

Je cracherai sur mes parents
Perché au clocher de l'ivresse.
Dans un plaisir désespérant
Je leur exhiberai mes fesses.

Jusqu'au matin je danserai
Et lorsque mes pieds saigneront
La terre enfin désaltérée
fera pousser des liserons.

Refrain

Envole-toi de mes épaules
Poussière des destins trahis
Je m'en vais conquérir le Pôle
Devant leurs regards ébahis.

En brossant mon manteau d'hiver
D'un grand geste majestueux
Je caresse l'espoir pervers
D'un chemin fou et tortueux.

Refrain

Là-bas mûrit le fruit fatal
Qui fera de moi un prophète,
Un bouffon, un seigneur brutal
Un chien, un cadavre, un poète.

Dans les jardins de Pampelune
Si nombreux sont les citronniers
Que parfois on prendrait la lune
Pour un fruit rouge prisonnier.

Du même auteur

La Servante, histoire sans fin, Actes Sud-Papiers, 1995.

Ouvrage réalisé par l'Atelier graphique Actes Sud. Achevé d'imprimer en juin 1997 par l'Imprimerie Darantiere, à Quetigny-Dijon sur papier des Papeteries de Jeand'heurs pour le compte des éditions ACTES SUD, Le Méjan, Place Nina-Berberova, 13200 Arles.
Dépôt légal 1re édition : juin 1997.
N° d'éditeur : 2565